从零开始学写作

杨晓菁 著

U0950316

中国友谊出版公司

图书在版编目（CIP）数据

从零开始学写作 / 杨晓菁著 . — 北京：中国友谊出版公司，2020.10

ISBN 978-7-5057-4954-2

Ⅰ . ①从… Ⅱ . ①杨… Ⅲ . ①写作学 Ⅳ . ① H05

中国版本图书馆 CIP 数据核字 (2020) 第 129689 号

原著名：《阶梯写作》

作者：杨晓菁

原出版社：精誠資訊股份有限公司 / 悦知文化

中文简体版 ©2020 年，由北京斯坦威图书有限责任公司出版。

书名	从零开始学写作
作者	杨晓菁
出版	中国友谊出版公司
发行	中国友谊出版公司
经销	新华书店
印刷	天津旭丰源印刷有限公司
规格	880 × 1230 毫米　32 开
	7.5 印张　134 千字
版次	2020 年 10 月第 1 版
印次	2020 年 10 月第 1 次印刷
书号	ISBN 978-7-5057-4954-2
定价	45.00 元
地址	北京市朝阳区西坝河南里 17 号楼
邮编	100028
电话	（010）64678009

序

我从事创作已经有一段时间了，也指导过不少学生练习创作，在这些真实的体验中，我深深觉得学无定法。学有所成这件事，是否有一定的捷径及方法呢？我认为是没有的。如果是这样，对于有意学习的人来说不是很沮丧吗？初步看来可能是令人沮丧的，但听我说下去，你就不沮丧了。万事开头难，在刚开始面对一项自己不拿手且陌生的技能时，人们可能会害怕或担忧，此时一定要有老师或是教练在旁指导。不过，一旦你掌握了部分窍门之后，就可以自行去找寻更适合自己的进阶学习道路了。直到再遇到瓶颈时，回头找老师或教练探讨一番，便可以快速解惑。想想自己是如何学英文、如何学下棋的，你就会明白一些其中的道理了。因此，本书出版的重要目的，就是希望给有意写作、需要写作的你指点迷津，告诉你在写作的起点会遇到怎样的障碍或是困难。等到你越过山丘之后，我想说的是：让自己的本性与天赋自由吧！只有随着自己的性格发展才能写出动人且独特的作品。

近几年来，阅读越来越受重视，但是，我们的确也看到很多读得多未必写得好的状况。可见，阅读和写作不是一个正相关的联动关系。问题出在哪里？这其中，被多数人忽略的是思考的问题。阅读是读者去思考作品中的情节、脉络、主题……而写作则是作者自己梳理出个体的思路。“说”起来或许简单，但思考却需要大脑经过一系列繁复的运作过程。思考是多元的、跳跃的，而且是快速的，所以，要将思考的内容整理得当并且条理清晰地付诸文字，说真的，这并不简单。有人认为将口头所说的转成文字就是写作了，这样的说法只对了一半，因为口头语言和书面语言调动的是不一样的认知系统与结构。口语靠听觉接收，以简洁清晰为主要诉求；书面语靠视觉传输至大脑，它需要思辨，也因为涉及视觉，所以有了审美的需求。因此，当你写下“今天太阳很大”这句话时，每个人都读得懂，但是比起“今天的太阳让街道焦灼了起来”一句，何为口语？何为书面语？相信你已了然于心。

写作的问题及困扰可以从很多层面探讨，是苦无灵感、词不达意，还是该断未断、啰啰唆唆？在公司里怎么替新产品写出好的营销文案？在会议中如何做好 PPT 简报？在电子商务时代，如何通过营销文案让产品精彩亮相？我们已经处在一个人人都需要快思考、微写作的时代。因此，这本书不只为热爱文学创作的人而写，也不单纯地只给考生阅读，而是要献给每一个想要了解写作内涵与秘诀的人。因此，有别于一般写作书提供范文的做法，这本书从漏洞百出的作品出发，让你学到：如何写好一句话，如何写出一小段文字。全书分四个部分：第一章是“写作之前”的把脉，教你如何使用本书；第二章告诉你写作不可不知的基本法门；第三章提供各式的“自定义疗程”以供使用；第四章中，我们通过同行批阅看看别人的文章，分析它们的优点、缺点，为他们进行“写作微整形”。

本书的特别之处在于以英文来作对比分析。以中文为母语的我们，常常有一些想当然的固定思维。在英文学习普及的现代，我们尝试用英文的视角来审视，这也可以激发中文写作的能量。从句子的结构及语法来看，西方人表意比较直接，而我们习惯在说话前先铺陈。中文里习惯将重要的信息放在句末，例如：“不好意思，因为早上出门比较急，所以就忘了带要还给你的书，很抱歉！”我们习惯先讲原因，后讲结果。同样意思的句子用英文表述则是：“Ah, I forgot to bring your book. I was in such a hurry this morning, I just forgot! Sorry!”英文里习惯先说结果，再解释原因。这样的差异不完全是我们文化中重视礼貌的特点所致，更多时候是语法所造成的思维模式的差异。

德国学者沃尔夫冈•伊瑟尔（Wolfgang Iser）曾说：“文本是一个未确定的召唤结构，有意不言明，待读者来言明。”所谓的“召唤结构”有三要素：空白、空缺、否定。这些空白、空缺或是否定之处，都是值得读者思辨及批判以形成自己的概念的。阅读文本时，字词在表面上可见的“一望即知”（具体），有时是作为上下文脉络中，为许多“一望无知”的“缺口”（抽象）寻觅“出口”的光束而存在的。于是，空白不是无，而是隐白，是潜藏的内蕴，待读者挖掘。这也是我们的文化中最擅长的表达方式——留白。留白在我们的文化艺术甚至社会运作里是很常见的现象。我们说话或写作都不喜欢过于直白，不过，留白会给阅读带来难题——语境文化的差异会造成解读的差异。例如，“想一个人”这一句是说“想念一个人”，还是“想自己一个人独处”？“读者中心论”是否就是“读者决定论”？读者的理解有其时代性、局限性和主观性，某个读者的理解不等于作品的全部。在阅读与写作之间，我们同时扮演着读者与作者的角色。因为写作，我们会更多思考如何让别人读得清楚明白；也因为阅读，我们会更期待作者能够清楚地表达以让读者明了。一个有读者意识的作者，他的作品往往更容易成功。通过阅读与写作的双向沟通，进而达到读写合一的境界，其实，这已超越阅读与写作这看得见的能力了，它更是大脑运作时抽象并更为深刻的思辨与探索能力。若我们阅读太多（输入）而实际应用过少，大脑另一层面的思考能力（输出）便会不足。因此，写作是一个让思考更深化且能提升自我能力的训练，它会让你知道“知行合一”到底是怎么回事！

年轻时，我梦想成为作家，后来，梦想跟着我在红尘中翻滚俯仰，也依着我在柴米油盐中错置颠倒。接着，在日升月落之际，我将它暂时锁在书橱一角，最终，它尘埃满面，随着时间坐定成了化石，也成了书柜上的一道风景，等候被观赏。我知道自己愧对梦想，于是，成为读者，是自我的一种救赎抑或是阿Q精神的体现？其实，写作是一种自我存在的呈现，是多年后蓦然回首之际，得以回忆的一种美好。所以，请开始写作吧！告诉你事实与证据，你会学习；告诉你真理与价值，你会相信；但我知道，如果告诉你故事，它能一辈子住进你的心里。写下你的、我的、他的故事，我们不仅在别人的故事里留下自己的泪，也让自己在自我的写作中留下记忆的痕迹。

这本书是我多年来的写作教学心得与操练的具体化落实。从云端上的文字到面对面的试验，本书以一种接地气的呈现方式，激发你的创作欲，让你觉得创作其实很容易。

杨晓菁

2019 • 初春落笔于山城

导　读

写作是阅读的反馈。请问：

读得越多，写得就越好吗？

会写作的人都是天生的文青吗？（写作表达力是先天的，还是后天的？）

只要多练习，作品质量就会进步吗？（量变必然造成质变吗？）

老师努力改作文，学生就能接收到更多的反馈讯息，然后进步吗？

加拿大“驻足思考”（Think on Your Feet）课程创办人基思·斯派塞（Keith Spicer）博士认为：“你无法说清楚、写明白，是因为你从没有‘想’得透彻！”换句话说，如果你不能对自己的写作形成清晰的思考脉络，就无法有好的写作表现。

可以说得流畅，却无法写得清楚

很多人知道许多事情，也可以通过聊天与他人分享。但有趣的是，你若要他们写篇文章来谈他们懂得或是熟悉的事情，他们往往写不出来，要不然就是写出来之后，别人可能看不懂。这样的状况通常表示，说者对于该主题的思考可能还不够全面或周全。另外，口语和书面语是不完全相同的体系，口语表达和书面表达不能等同视之。

聊天时的口头分享，可以没有主题，可以随意讨论。口语是依赖听觉的，以达到沟通为目的，所以，有时候词不达意没有太大的影响。因为，你说话的同时可以有表情与手势来辅助口头表达的内容，甚至可以有人加入讨论来补充完成。但是，如果要把某个概念写成一篇文章，并让他人理解，就必须思考很多面向。例如，文章要怎么起头、论述、解释、申论，哪里分段，怎么补足论点的破绽，怎么从读者的角度回头看哪里还有不足，逻辑通不通，我这样写读者到底能不能看懂……这些细节，作者必须好好思考。因为进行文字阅读时，我们几乎不可能把作者召唤到身旁，请他为读者进行文本的阐释及补充说明。

多读就会写？其实你错了

我们常听到“多读就会写”这样的话，可是，阅读与写作并没有直接的因果关系，阅读的质与量其实无法完全转化成写作的质与量。日常生活中，常常可见读很多书的人，在写作上却存在着很多困难。“多读、多写、多练习就会了”的说法，其实是不恰当的。多阅读或是多写作指的是一种学习历程，但它们不是学习的策略。

写作与个人的思考有很密切的关联，写作的指导与训练其实就是思考的训练。而多读、多写之所以无法保证写作的进步，是因为写作不只和技巧的熟练度有关，更多的时候，写作是和思维运作的模式相关。阅读与写作是一种相互加强与彼此反馈的关系。简单来说，掌握了阅读技巧，能够理解读者的角色，熟悉阅读的策略，便具备了学好写作的思维，因为，阅读和写作只是视角不同，但是两者的终极目标都是“文本”。于是，一旦引领学习者带着读者的眼光与需求来要求自己的写作，便同时也让学习者学会了以写作者的眼光来阅读及评价材料，这是一种双向融通的关系，既互补又互见。通常在阅读与写作时，我们如果能够换位思考，便能产生提升的能量。例如，在阅读时，除了以读者之眼看待作品之外，也尝试以作者的视角去省思，如果是自己要成就这个作品，你会怎么写？如何安排结构或是情节？同样的道理，写作时，除了直抒胸臆，写下我思、我见、我闻之外，也要去思考，我这样的写作方法及呈现方式能否让读者理解呢？

写作是思考的整理

写作，其实是自我思考的整理，而思考又是极其复杂的过程。许多人一定有这样的经验，很多文章写了一半之后发现概念不够周全，想写却又觉得思路被卡住，最后这些文章被放在文件夹中再也没有重见天日的机会了。其实，出现这样的状况可能是由于自己对那个议题还没有足够的理解，没有理解就缺乏深度论述，缺乏论述当然就觉得写不下去。所以，你能够写出东西，表示你整理自己的思绪及想法已经到一定的程度了。

“写作力”是循序渐进养成的。让学习者书写很多题目或题型，即使练习了许多篇，对于写作能力的提升也未必会有帮助。主要的原因在于学习者没有学会写作的方法及窍门，加上阅读量不足，观察力、想象力与思考力未被激发，自然无法在写作的内容及形式上呈现效果。

写作是对错综复杂的思路的整理，面对脑袋里五花八门的想法，如何抽丝剥茧、条分缕析，然后又如何提笔行文呢？写作的起点常常是模仿。因为阅读，我们喜欢上某位作家的作品，所以开始连续地、大量地“啃食”该作家的著作，于是思想上染进了一点作者的灵光。然后，我们站在巨人的肩膀上，开始仿作。

阅读与写作两者之间有密不可分的关系，它们类似工厂里“输入”与“产出”的关系。写作的历程大概是：审题（审思题目）

→立意（确定文章的主旨及方向）→取材（寻找与选取适合使用的材料）→布局（有条理地组织全文的架构和脉络）→遣词用字→结尾。

一般在写作时，我们容易以概括式语言来呈现，此处的概括式是指不深入、浮光掠影的表述方式。在学术上也会有概括式语言的用法，但它是指将浓厚丰富的思想或意义以简明扼要的方式来呈现。清代刘熙载在《艺概》中说："凡作一篇文，其用意俱要可以一言蔽之。扩之则为千言，约之则为一言，所谓主脑者是也。"这里所说的"主脑"就是对作者所知、所感、所思、所见的高度概括。不过，我在此处所说的概括式语言则是指写作时所使用的文字属于平板式、印象式、表列式的约略交代，欠缺深层细致的观察、充分的联想及深刻的思考，仅是用一言以蔽之的方式含糊地概括。

从很多学校的写作测验中可以看到，写作题型不再是传统的各抒己见的命题作文，而是要求学生针对特定材料阅读并提出自己的立场与评述。那个引用美文佳句、名人典故就能得高分的时代已经过去了，学生被要求针对给定的情境与材料进行批判性的论述。在这个意义上，写作训练其实就是思维的训练。

在写作之前，先想想你看待问题的视角和视野各是什么？你的视角在哪里，也就是你从什么样的立足点出发，去观览事物，并且审时度势。而视野是你从确定的视角出发之后，所能辐射出去的空间广度。人生要有多元视角，以求客观；也要有广泛视野，以求开阔。视角和视野都要依靠阅读来充实。当你知悉自己的视角和视野之后，你便可以通透地阅读，然后写作。

“温情式的理盲”与“不合理的滥情”

既然写作训练就是思维的训练，而我们又希望阅读可以有助于写作，自然就必须从思维训练的角度来设计阅读与写作教学的内容。思维训练到底是什么？简单来说，就是遇到事情先扬弃情绪的爆发，以理性来分析。我们的社会中普遍缺乏的是具有理性思辨能力的人，多数人不擅长说理与讨论，甚至对于许多议题有一种“温情式的理盲”“不合理的滥情”，欠缺比较深刻的理智，却满溢着多情。更进一步说，对于事件或议题，人们常用“直观的”“情感的”立即反射，缺乏“客观的”“抽离的”就事论事之理性。有人说“浅碟式”*思考，也就是这个意思。所以，我们在阅读及写作时要聚焦文章的语句连贯性、证据效度、因果逻辑、基本预设和结构合理性等，以避免被阅读材料所牵引而完全顺从

---

* 浅碟式：像碟子一样中间低，两边高。

文章作者的观点和说法，也就是要学会合理的“反对”，这是训练逻辑思辨的重要方式及途径。

阅读和写作的互通心意

在阅读文本时，我们心中想的不能只是“作者说了什么”（What），同时还要问“作者如何说”（How）、“为什么这么说”（Why），甚至要有反驳与讨论的思维，尝试去挑战作者“这样说或写会有什么问题”。当读者能通过提问与回答问题，开始去思辨一部作品时，才是真正开始有意识地去思考写作是怎么发生与发展的了。

任何文本都可以从两个层面来考量，其一是属于作者自身创作所要营造的艺术层次，其二是读者阅读后所自行发展出的审美层次。作者所写出的文字，想要唤起读者的感知，其一是要与读者有共同经验，这样容易产生共鸣；其二是语言文字的到位或精准，能吸引读者思考。

读者和作者有时可以共鸣，有时却“搔不到痒处”，有一句古诗说：“换我心，为你心，始知相忆深。”读者和作者之间能否全然心意相通呢？其实，世上没有任何人可以和另一个人在思想及心意上完全重叠，多数时候，只要趋近就可以了。因为读者有着自己的认知系统与价值体系，他会依此来解读文本及阅读世界。更重要的是，“微写作”时代来临，它会为写作形态带来怎样的改变呢？这些变化又有什么意义呢？且让我们看下去。

目　录

第三章 写作的自定义疗程

第四章　写作“微整形”

第一章

写作前的体质检验

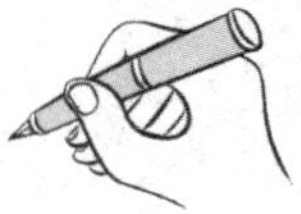

01　微写作时代：每个人都可以有感而写

其实，写作的需求或是写作的愿望是许多人都有的。在科技化时代，网络是每个人每日不可缺的“良伴”，从物质享受到精神食粮，都可以从网络中获得。想要写作的人，在脸书（Facebook）或是各种新媒体平台上，都可以拥有自己创作的空间。

写作不是作家的专利，而是每个人都可以发挥的天赋才能。你可能是为了感知生活和生命而写，为了记忆和记录自己而写，又或者是希望将自己的过去、现在与未来串成一线……写作是保留这一切的最佳方式。

不过，静心泡上一杯茶，缓缓地思考，查找并阅读资料，然后再从容地下笔书写，这样的创作节奏可能已跟不上时代快速的脚步，从而不再符合大家的需求。因此，一种“微写作”的形式出现了。

“微写作”的特征是“短、小、轻、快、狠、准”：文字简短、分量小、阅读压力轻、联想下笔快、狠狠抓住目光、准确传到人心。在目前网络盛行的时代，许多广告营销活动都是通过网络进行的，例如：新媒体平台售卖商品，都有编辑在后台专门负责各式各样的商品的营销，而这些营销非常依赖文字与图片搭配的写作。

我们来看看接下来的例子：九份天灯的旅游文案营销；网友的爱情创意金句；网友以古今中外的名人佳句为底，进行改编，形成创意且吸睛的广告文案。这些文案写作成了一股风尚，吸引许多人绞尽脑汁，借助各自行业、产业的知识背景进行创作。这是一种新兴的全民“微写作”风尚。

那天，万人的眼中尽是徐徐上升的天灯，而我的眼里只有你。（九份天灯的旅游方案）

不怕实现一个梦，就怕现实一场梦。（温咖啡店内语录）

不管有没有公主命，千万不要有公主病。（温咖啡店内语录）

你是log5，我是log2，我俩相加，才能成为1。（数学系情话）

你的镁，夺走了我的锌。（化学系情话）

不要轻易把伤疤揭给别人看，别人看的是热闹，而痛的却是自己。（电影台词）

从“微写作”的现象中，我们看到“写作”并不难。任何创作都是来自模仿，其实更准确地来说，我们的创作很多时候是来自其他创意的激发，进而产生灵感，之后再进行创造。近几年兴盛的文创产业，它不仅是文化创意，更多是在文字、文学基础上的再生与创新，这也是一种“微写作”。

在写作之前，我们可以思考两个问题，那就是“写什么”及“如何写”。“写什么”是属于个人背景知识的问题，也跟我们的阅读质量相关联，建议写作时从自己最有感、最熟悉、最喜欢的入手。

而“如何写”则是关于写作方法的问题，简单来说，这个层面是关于思维逻辑的系统化、语法修辞的应用等方面的内容。这些内容我会在后文中一一道来。

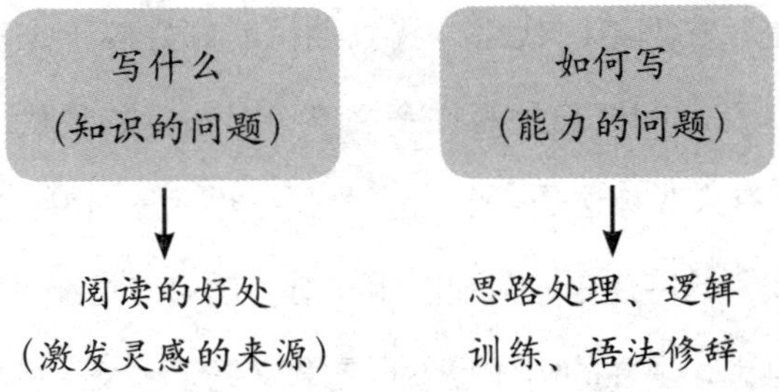

很多人会问，为什么要写作？写作不重要啊，写作是学生时代的事。

为自己而写，是最棒的动机

许多人以为脱离了要交报告或作业的学生时代，便可以和写作道别。其实，写作除了有“外在动机”，也就是所谓的应付外在职场的、作业要求的、考试需求的动机之外，它应该也有“内在动机”。内在动机是指内心有主动想说的话、想表达的观点，不吐不快；又或者是，想借写作留下回忆或是纪念。

因此，“为自己而写”是很重要的内在动机。

《毛诗序·大序》里说：“诗者，志之所之也。在心为志，发言为诗。情动于中而形于言。”它的意思是：诗，是人情感之所在；在心里是“志”（志向或心意），迸发出来成为优美的言语就是“诗”；情感激荡在人的心中，有情，自然会想通过言语表达出来。这段话主要指“语言”或“文字”的表达是很自然的情感出口。

但是，在网络时代里，我们期待能好好静下来写东西似乎很困难，花时间沉稳地写许多文字，对忙碌的现代人而言是不容易的。有人戏称这是一个“滑时代”，也就是“滑手机的时代”，“滑时代”的特色是，只要随手一滑，任何信息都可以通过网络获得。再者，现在的写作也不再是拿支笔亲手从无到有地把字写出来，更多时候是借助输入法来“挑字”或是“选字”。不过，“选字”和“写字”所训练的大脑运作能力不尽相同。在“选字”的新时代，我们便遇到不少实际写作时错字连篇的窘态。

此外，写作的形式也跟着改变了，长篇大论已经少见了，“微写作”成为写作的一种新趋势。甚至，人们更倾向于用微信来沟通，或是通过微博等平台分享日常的生活与心情。

这一新兴写作形式的特点是文字量少，言简意赅，并且常常会辅以图片来表现。另外，它还有一个很重要的特色是“口语化”。其实，语言文字的表现大略可以分成两类：口头语和书面语，前者是“话语（说话）”，后者是“文字（写作）”。不论说话或是写作，主要的目的都是沟通与表达。说话主要靠听觉接收，再传至大脑反应，听觉以清楚明白为主，达到沟通目的即可，所以说话时，可以不连续、不完整；而写作主要由视觉接受，视觉是需要审美的，这也是为什么写作会有更多修辞上的需要（其实，口语传播也需要修辞，只是两者的需求面向不同）。

虽然口头语和书面语有不同的要求和表现模式，但是两者仍会有互相融通的时候，也就是口中所说的会进入文字之中，书面文字也可以放入口语中。不过，也因为这样的融通，难免会产生一些问题。

当然，也有不少人将写作能力视为一种“天赋”，认为是先天的禀赋决定一个人会不会写、能不能写，并且也有许多人相信写作类似创造，是极为个人化的，具有独特性与殊异性。因此，他们认为写作是无法教的，没有真正的好方法可以用来指导写作。

02 写作问题：普遍的“语言癌”现象

“语言癌”是指在写作或言谈中存在的不合逻辑、冗词赘句、词不达意等现象，包含过度使用“基本上”“其实”“我们”“然后”等不必要的词语，它的涵盖范围超越我们常说的“语病”。“语病”是指语言文字里存在措词不当或不合逻辑的毛病，造成语句意义模糊。

在维基百科的词条中有一个“语言癌”的例子：“店员迅速将商品下架”变成“我们店这个部分的相关店员，未来将会尽量迅速地对有关商品这个地方进行一个下架的动作”。原本简明扼要的句子，因为不直接说清楚或是基于其他考量而将句子拉长，显得冗赘而有点失焦，让人一头雾水。

日常生活中，我们可以看到语言里充满了赘字、虚字、跳跃等语法错误，还有很多新的外来语等现象（如“佛系”从日本来，是指怎么样都行、看淡一切、无欲无求的一种生活态度）。有趣的是，在这样看似错误百出的语言世界里，我们几乎不会误解对方的意思，显然“正确性”不是语言沟通的必要条件。如果能达到沟通目的，语法、逻辑不通或是没有修辞美感，其影响并不大。这样冗赘、跳跃的情形在说话（口语表达）时可以，但在写作（文字表达）时则会产生沟通困难。

“说话”依赖听觉，说与听两者之间的沟通是通过语言来完成。通过语言沟通时，往往脸部表情、肢体动作也会在一定程度上协助说与听的双方对于意义的理解。例如，接近中午时分，甲看看手表后，对乙说：“十二点，学生餐厅。”我们约略可以猜测甲和乙可能相约在十二点钟于学生餐厅共进午餐。但是，“十二点，学生餐厅”这个句子若以“文字”形式出现在文章中，在缺乏语境的情况下，可以理解为“十二点钟于学生餐厅共进午餐”，也可以理解为“十二点钟我们于学生餐厅前碰面”，或是“十二点钟于学生餐厅有大型表演活动”等。

因此，我们可以说文字和语言在表达沟通上的路径不同，它们需求的方式自然也不同。人类的语言可繁可简，没有绝对正确的标准，有的是相对正确的用法。因此，“语言癌”似乎是社会中必然出现的时代产物。

自我检视：避免“语言癌”

检视语言或文字是否有“语言癌”情况，可以从以下三个方面来看：一是语法（包含词法、句法、文法）；二是修辞（让语言文字更形象化、更鲜明的装饰方法）；三是逻辑（思路脉络）。如果要从语言学、章法结构学等理论来分析“语言癌”的问题，它已经是更细致的学术研究范畴了。

以下一段文字，请看看它存在哪些毛病。

信息科学是现在很热门也是影响孩子未来素养的关键。它不只是我们传统认知的一门学科，老师教、背一背、成绩考高分就行，也不只是大家认为的写程序、玩机器人。它还是谈运算思维、逻辑观念、解决日常生活问题的方法。

仔细分析上述段落，可以将其分成三个句子，所以，它应该要有三个句号（不会使用标点符号，也是许多人写作的一大问题，尤其“一逗到底”的现象很普遍）。我们依序来分析它们的“语言癌”问题。

(1) 信息科学是现在很热门也是影响孩子未来素养的关键。

此句建议修改为：

信息科学是现在很热门的议题，也是影响孩子未来素养的关键。

编号（1）的句子中，我们看到两层意思（也可以说有两个小分句），第一个是“很热门的”，第二个是“影响未来素养的关键”。可是，“很热门的”什么？这里好像有话未说完的感觉，后面似乎要再有所补充；此外，“很热门的”是不是要和“影响孩子未来素养的”一起共享名词“关键”呢？如果是，它们应该是以下图示的层级关系。

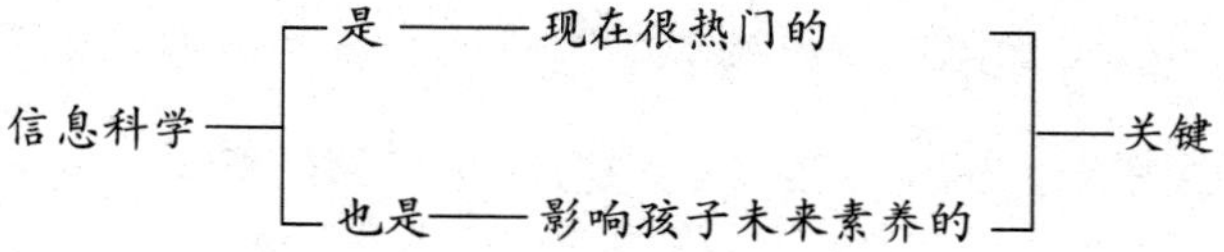

不过，若它们真的是共享一个名词“关键”，那么，“很热门的关键”也是一句读起来略显怪异的语句。再来看下一句。

（2）它不单只是我们传统认知的一门学科，老师教、背一背、成绩考高分就行，不单只是大家认为的写程序、玩机器人。

此句建议修改为：

它不单只是我们传统认知的一门学科，老师教一教、学生背一背，并且考高分即可；它也不单是一门大家认为的写程序、玩机器人的课程。

编号（2）的句子，语意逻辑没有问题，只是“老师教、背一背、成绩考高分就行”这三个用顿号区隔的部分，它们的主语并不相同，严格说来，并不适合用顿号隔开。“老师教”的主语是“老师”，但是“背一背、成绩考高分就行”的主语应该是“学生”，既然主语不同，就不应该使用顿号来隔开。顿号是用于相似概念的区隔。例如：我的兴趣有“打篮球、弹吉他、玩电动”，这是属于同一个人的三种不同兴趣，此时，用顿号就很适合。

再来，“不单只是我们传统认知的一门学科……不单只是大家认为的写程序、玩机器人。”此处，有两个“不单”，它们的句法相同，因此，要表达的应该是相似的概念，前者“一门学科”是名词，后面就应该也是以一个名词做结尾，所以原本的“写程序、玩机器人”会使句子在语言逻辑上有不完整之感，如果改成“写程序、玩机器人的课程”，就能对应前一句的“一门学科”，并且“课程”与“学科”是相同概念范围的词语，若能如此修正句子就合乎语言逻辑（语法），表意也更为清楚。

（3）**它还是谈运算思维、逻辑观念、解决日常生活问题的方法。**

编号（3）的句子是这段话中没有任何问题的文句。

从根本上治疗“语言癌”：多读与多思

和文字相比，语言的变化性更为巨大。在之前的讨论中，我们了解到，随着社会文化的变迁，语言中会有新的元素加入或旧的语汇消亡，所以，有些人认为口语的“语言癌”不是病。

但是，写作有没有“癌”呢？这个问题得从语文能力与文学能力的区别来思考。大多数人都经历过从小学、中学到大学的语文课，我们大部分的课堂经验是阅读经典文本，在文学的大海里泅泳，从东方到西方，从朱自清的《背影》、曹雪芹的《红楼梦》，到莎士比亚的“四大悲剧”……对经典文学作品的阅读与学习是多数人对语文课的回忆。

许多时候，我们认为文学是文字最深邃、最艺术化的呈现，所以，文学作品成了经典的同义词。这点从我们过去的教育里可以看得出来，教文学成了语文课现场的共同语言。但是，我们发现，读了许多文学作品后，我们不见得有良好的语文能力。语文能力是学习任何语言都该拥有的基本能力，而这个基本能力就是“听、说、读、写”。

听、说、读、写的能力不等同于文学能力，就像我们熟背古典诗词也不一定可以看得懂电器使用说明书，沉浸在优美的文字里也不能保证我们可以理解税单或其他保险契约上的文字。文学教育可以是阅读思辨、审美评价的教育，不过，它未必可以提供现代社会公民所需要的语文能力。语文能力是一种基本的能力，这种能力是一般人日常生活之必需。

听、说、读、写是可见的具体能力之呈现，在听、说、读、写的背后，其实还有着看不见却十分重要的思辨能力。思辨的面向、深浅，一定程度上会反映在你的表达能力（口语与写作）及理解能力（阅读和聆听）上。

所以，不论是语文教育或是文学教育，更该注意的是学生思辨能力的养成。语文教育有它的内在逻辑，从基础的文字学起，到对文字组成的文本（文学）进行阅读思辨，最后是文化内涵的养成。从具体而抽象，从记忆、理解到评价，从单一到全面，这一系列的能力养成最后都能转化成深植于心且永久长存的素养。对文本的诠释，可以有不同的观点与视角，是可以讨论的，文本解读也因此没有绝对的正确，有的是两相比较权衡后的相对正确。因此，传统语文教学将文本的诠释及理解固定化，产生制式的标准答案，对于思辨能力的训练是不利的。

事实上， 在语用学 的认知里， 语言或文本有它的语境 。一般而言，我们称“语境”为语言环境或者是上下文脉络。不论是语言环境还是上下文脉络，对于思考都起了很重要的作用。语言必须搭配环境背景，才能真正呈现它所要表达的意思。例如：爸爸在电话里说了一个词——医院，我们可以想象它所能代表的许多不同的意义，如“我要去医院”“有亲人正在医院里”……若能搭配说话时的环境，我们或许就可以明白爸爸所要表达的真正意思，例如：“我正在医院里等候看诊。”这就是比较明确的表述方式。

语言与文字在传达信息上的需求不同，语言简单短促可以沟通即可；文字则需要详细且有逻辑。这正是口头表达与写作的差异之所在。而思辨是什么？思辨是人类接受、理解及辨析信息的过程。大脑对于任何事物或事件的初步理解，取决于大脑中关于该事物或事件的内在规则及模组。例如：下图的道路交通标志不用作特别说明，大多数的人都可以理解。图片中的两个数字 120 及 50，分别说明此路段的最高限速是 120 公里，最低限速是 50 公里。这就是在一定的社会语境里，大家共有的认知。

最高限速　　最低限速

除了社会文化背景的因素之外，思辨理解的关键是对语言知识的基础原则有所认知。例如：中文里习惯以人称代词（你、我、他……）作为句子的开头；而英文中的句子通常会以事件作为开头；学习日文的人知道，在日文里，动词被放在句子的后面。这些都属于语言知识。拥有语言知识加上语境的建立，我们就能逐渐提升阅读理解的水平，并妥善地进行自我表达与信息传递。

第二章

关于写作的基本认识

03　量身定做：写作处方笺

第一步：分辨知性与感性、文学与非文学

现代人的写作能力不足是一种普遍现象。在中小学生的作文、大学里的各种专业报告，甚至在商业往来的文案与邮件中，都能看到许多人无法用文字充分且完整地表达自己的意思。

以台湾地区最为人关注的大学学力测验为例，2018 年写作被独立出来成为一个考试科目，它的命题形式是由考生在阅读文章之后进行思考及写作，其题型也分为两类——“知性写作”和“感性写作”。此处值得思考的是，考试命题人员为什么把写作分成“知性”与“感性”两类？在过去的考试中，并没有这样区别。“感性”与“知性”之别可以大致理解为“文学”与“非文学”之别。非文学性的作品以布告、说明、传播为主要目的，包含科普、经济、历史、环保等文类，菜单、说明书也属于这一类，它们以提供信息及资料为主要目的。其写作方式

倾向于分析、评论，而这部分正是语文能力。

文学作品则比较重视文字及情感的审美，诉诸感性。文学是以语言为媒介的艺术，语言精确妥帖是优秀文学作品的重要条件。文学本身有着美学、艺术的特质。因此，文学作品注重隐喻、象征的使用以凸显其审美运思的想象空间。在这样的区别下，文学文本与非文学文本所使用的语言形式必定不同。

我们来看看非文学性的科普文本，观察一下它的语言特色及风格。

了解糖尿病的人，一定都知道胰岛素的重要性。这种激素帮助细胞储存糖类和脂肪以提供能量。身体不能产生足够的胰岛素（1 型糖尿病）或者对它有异常反应（2 型糖尿病），就会发展出许多循环系统和心脏方面的疾病。但最近的研究显示，胰岛素对大脑也很重要——胰岛素异常和神经退化性疾病有关，如阿尔茨海默病（Alzheimer’s Disease）。

长久以来，科学家相信只有胰脏会制造胰岛素，而中枢神经系统完全没有参与。到了 20 世纪 80 年代中期，几个研究团队在大脑中发现了胰岛素。显然，这种激素可以通过血脑屏障，而且大脑本身也能少量分泌。

（台湾版《科学人》2008 年第 77 期 7 月号）

非文学性的文本如同这篇胰岛素简介，它重视信息的因果及脉络，不以文字的审美为写作重点。

接着，我们再来看一个文学性文本的例子。

也许每一个男子全都有过这样的两个女人，至少两个。娶了红玫瑰，久而久之，红的变了墙上的一抹蚊子血，白的还是“床前明月光”；娶了白玫瑰，白的便是衣服上的一粒饭粘子，红的却是心口上的一颗朱砂痣。

（张爱玲《红玫瑰与白玫瑰》）

这是张爱玲的小说《红玫瑰与白玫瑰》里的经典段落，看似在描写爱情里的矛盾，但作者的真正目的是呈现人性里对于“得到”与“得不到”的永恒挣扎。这是一段非常典型的文学文本，它的语言文字呈现浓厚的艺术性、情感性。文学文本的作者主观性较强，作者的企图与意志可以从文本中被理解；而非文学文本则有较多客观性的论述呈现，其目的在于说明事件、物件、人物，所以作者本身的风格不被凸显。

以下再以另外一组文学与非文学的段落为例说明。

文学段落：

在夜色中去来，自动门关上的那一刻，我回头深深地凝望门外正曼舞的飞雪。寂寥的候机大厅，旅人各自守着一角，这真是最美好的时光，安安静静，适宜每个人好好回顾并整理记忆。凌晨零时，飞机准备起飞，跑道上已有薄薄的积雪，天空仍不时飘落一些雪花，我本能地伸出手，想挽留那些即将落地的白。更多的感受是想化此刻为永恒。对于出生于亚热带的我而言，关于北国，有着无数的、自行酿造的想望：是挟着幸福青鸟之翼的极光，是红绿交织的缤纷圣诞节，是冷冽到急冻肺泡的低温，是单一却闪着硕大美丽的成林枯木……

非文学段落：

物理变化是指物质发生变化时，只有状态发生改变，其本质仍不变。例如：铅笔写字，粉笔折断；衣服经水洗后褪色……而化学变化是物质发生变化时，产生与原来物质不同的新物质。例如生米煮成熟饭、牛奶变酸……

从前面的示例中，我们看到文学语言与非文学语言的差异，文学语言叙事、描写成分多，其词性的使用富于弹性，表达情感的形容词使用频繁；而非文学性作品则是议论或说明成分多，为求客观呈现，主观的形容词很少。

第二步：找出自己写作的问题点

在为写作的种种问题开出处方笺之前，我会提出一些问题，让大家先检测自己的状况，不过前提是“你确定已认真地完成一篇文章了”。因为，只有在你认真完成了一篇文章之后，才能对自己写作的种种问题有所觉知，进而想要去解决问题，而这时候的“问诊”才会更有意义。

在中医里，我们常听到“望、闻、问、切”四个字，这是中医借以收集病史、了解病情、诊断病况的方法，统称“四诊法”。我们先来看看，对于“四诊法”的一般定义。

① 望：观察患者的精神、形态、面色、五官、皮肤、舌苔、排出物等。

② 闻：聆听病人说话、咳嗽、呼吸等声音及闻嗅病人所发出的口气、体味等气味。

③ 问：询问病人的主观症状，疾病的发生、发展及治疗经过，以及以往曾患过的疾病。

④ 切：探查脉象及用手触按病人相关部位。

在上述四诊中，我们可以看到特别标注的“观察、聆听、闻嗅、询问、探查、触按”，它们都是“动词”，这些动词是可以具体看得到的动作或行为，这也意味着，要提出处方笺，最重要的是能具体落实的方法。中医主要通过“四诊法”综合分析病因及病症，做出相应的诊断及治疗。而对于写作，我们也可以仿效中医的问诊过程来为其把脉，并给予建议处方，其重点是具体的作法（动词）。

文章的组成，可以就思维逻辑及语言逻辑两大部分来看。思维逻辑顾名思义是与大脑思考有关。而语言逻辑可以再分成语法（包含词法、句法、文法）及修辞（让语言文字更形象化、更鲜明的装饰方法）两个面向。一般在审视文章的语病时，可以从这两部分出发：是逻辑不通，还是文字太直白？我们将循此继续探讨下去。

写作和“阅读的多寡浅深”“构思的方向和过程”“掌握素材的能力”等因素关联甚深，而一个人的阅读或思考是无法量化检测的。大家都知道阅读量多未必就写得好，因为在阅读与写作时，大脑运用的机制不同。虽然两者都需要思考，但是写作更注重产出的能力及成果。《别有目的的小意外》这本书里曾说：“你必须要让大脑出乎意料或让大脑花点工夫，才能形成记忆，写作其实是个人在梳理丰富且跳跃的思绪后之具体的呈现。”

写作是一项将思路整理并输出的工程，而不同程度的写作者所需要的写作策略也不同。

接下来，我们将审视不同问题的写作者之“病症”到底是什么。

第三步：认清“写不出”与“写得出”

审视写作的问题时，可以粗略分成“写不出”与“写得出”两类。“写不出”是完全下不了笔，望纸兴叹；而“写得出”之后产生的写作问题，又是另一个层面的问题。

☑ 写不出

症状：没有感受，阅读不够，无法下笔

写不出文字者，通常的问题是：第一，内心对写作的主题无所感，大脑无所思；第二，阅读量不足，无法针对主题进行深度分析或广度联想，以至于无从下笔。

☑ 写得出

写得出文字者所遇到的问题会复杂得多，此处大抵可分成几个部分来看：

症状：心有所感，但词不达意

这一类“患者”的症状是内心有感受、脑中有想法，但词汇量和阅读量不足，以致在需要时无法表达。因此，常常有词穷的状况，也容易产生语句比较平淡的现象。

关于让男人去当袋鼠男人一事，我的想法是：以前有男强女弱的观念就必定有他其中的道理，虽然政府提倡男女平等，但老一代的长辈还是比较疼爱长孙。在体力和肌肉发展上男女就有差别，往往男生的耐力和运动会比女生好很多，但在读书和社会工作上两者实力却是相当的。女性当了母亲会产生母爱照顾小孩，而男性也不会闲着，当了父亲后会产生责任感去赚钱供家中费用。

读完上述短文后，你可以读出语病吗？可以看出词不达意的现象吗？例如："虽然政府提倡男女平等，但老一代的长辈还是较疼爱长孙。"此句前后逻辑无法衔接，作者想说的是虽然现代社会讲究"男女平等"，但是上一代长辈还是普遍存在着重男轻女的观念。纯就语言来看，"男女平等"和"疼爱长孙"并非是直接相反的概念，它们之间必须要通过一些诠释或转接才能融洽地衔接在一起，而"重男轻女"比较符合与"男女平等"一词相反的概念。所以，作者可以这样修正句子，以便让文意逻辑更清楚："虽然政府提倡男女平等，但老一代的长辈还是存在着重男轻女的观念，所以'疼爱长孙'这样的说法在不少家庭中都还听得到。"

"女性当了母亲会产生母爱照顾小孩，而男性也不会闲着，当了父亲后会产生责任感去赚钱供家中费用。"作者在此设定了一种情境——女性当了母亲，而后，在这种情境下发生了以下一些现象。现象一：女性当了母亲会产生母爱照顾小孩，这句话没有语意或逻辑的问题，不过，“产生”一词用得不太好，以“产生”来述说“母爱”的发生，不如用“激荡出”一词更为传神。现象二：男性也不会闲着，这句话直接跟在“女性当了母亲会产生母爱照顾小孩”之后，语意脉络显得不太顺畅，因为在家庭里，若女性当了母亲，而男性（正常推想就是“先生”）应该是当了父亲，这部分可以直接表述，而不需要说“男性也不会闲着”。因此，可以将这段文字修改成：“女性当了母亲后会激荡出母爱，极力去照顾孩子，同时，家中的父亲也会萌生更多责任感，想去赚钱以供给家中的花销。”

症状：为赋新词强说愁，辞溢乎情

此类“患者”背诵许多名言佳句、金玉良言、典故事迹，非常认真地阅读及写作，写作时极为用力，将所知所记的典故、好句、辞藻很认真地堆砌在字里行间，形成一种华丽丰沛的文风。但是，他们的作品有流于“形式重于内容”“美则美矣，却缺乏灵魂”之感。

到了老年，总向往原乡，缅怀那九月九日满山遍野的茱萸，所以拉响生命的胡琴，和着母亲手摇的片片桂花雨，吟唱故土的乡音，逐渐荒腔走板，跟不上时代的巨浪，我愿以琦君的温婉航乘老年的星星两鬓，在一轮明月中喑哑熟稔的乡腔，在半生沧桑中追觅黑白水银交会瞬放的光亮，让金手轴的反光映在深处的思绪。荷叶生时春恨生，荷叶枯时秋恨成，深知身在情常在，怅望江头江水声。在生命的晚霞中，我仍愿摆渡将朽之身，向我最爱的土壤潜行，在心中最柔软的昌盛原野耕耰。等到少年满城将至的大雪，壮年跌跌撞撞的挫折碎片，再次覆盖我的心灵时，我愿摘下白月光粘在衣领，化开朱砂痣抹在墙头，那日复一日的饭粘子和蚊子血在我的航途流淌，最终化为来世第一声鸡啼，响彻九霄。

阅读上述文章时，你一定可以感受到作者饱读诗书，熟悉许多诗词并且能背诵，每一个句子都看得出作者精雕细琢的努力。但是，由于堆砌过多，反而会让读者眼花缭乱，迷失在文字中，忘记它的意义及所要表述的重点。

刘勰在《文心雕龙》里曾说："夫铅黛所以饰容，而盼倩生于淑姿；文采所以饰言，而辩丽本于情性。"虽然，文字需要修辞以达到某种艺术性，但应该注意"适当性"。过度的修辞会造成阅读上的紧绷与压力，于是，"过"与"不及"都不是适切的状态。因为，文字动人与否乃取决于作者是否有内在的真情流露。

一般来说，文本中会让人陷入沉思的文句有两种，其一是具有哲学内涵的文字，如纪伯伦说："你无法同时拥有青春和关于青春的知识。因为青春忙于生计，没有余暇去求知；而知识忙于寻求自我，无法享受生活。"看似简单的文字，却有深刻的哲理。其实纪伯伦想说的意思很简单：当你尽情享受青春时，就没有多余的时间去求知，时间总是有限的；但另外一种情况却无法让人一望即知其意思，比如"为文造情"，词藻堆砌过多，让人不知所以。

自古以来，文人们老是喜欢对着傍晚的余晖吟诗作对，他们高声赞扬着七彩晚霞绚烂夺目，并且将国破家亡的愤恨，寄托给带着世界，自光明而黑暗的黄昏。但是何尝有人静下心来品味破晓时，那纤弱、如受惊的兔一般、小心翼翼的光线？又何尝有人想过，也许清晨才是带领世界走向一切喧闹、焦虑，以及种种怨恨的真凶？谁说这个世界需要那么多嘈杂？或许它想要的，只是化作一只巨大的兽，静静地沉睡。

以上内容中出现的问题有：形容词太多，如"那纤弱、如受惊的兔一般、小心翼翼的"光线，"带着世界，自光明而黑暗的黄昏"；句子前后逻辑不通，如"谁说这个世界需要那么多嘈杂？或许它想要的，只是化作一只巨大的兽，静静地沉睡"，此句中突然出现“巨大的兽”，和前后文没有关联。出现这样的状况往往是因为作者想要说的话过多，想要表达的思想太广，但是拿捏不好，有种“样样都说，但都不太到位”的感觉。

症状：逻辑矛盾，文字冗赘

思绪凌乱，随想随写，文字无法驾驭思路，这是一个常见的写作问题。简而言之，就是句子里的语病很多，而造成语病多的原因中，最常见的是没有修辞概念或缺乏语法结构常识。

写作是自由的，作者可以在其作品中任意安排；但是阅读理解则不同，人的大脑认知结构里有它对该语言一定的认知模式，这个模式可能是通过语法习惯、语言逻辑思维所建构的。我们常常说中文没有文法，其实，这样的说法是不对的。任何语言一定有它的语言结构（也就是语言的构成法则）。只不过，母语使用者通常没有在开始听说读写前，刻意地先学语法（文法），而是在日常使用中，逐步形成语言认知的系统。以下是一个逻辑不通的句子。

最黑暗之夜晚，接继的会是黎明的破晓，就算世界怎么阴沉，微小如烛光，仍能找到闪烁的空间。

根据上下文意的反复推论，这句话应该是说黑暗终将过去，就算世界再如何不完美，充满漆黑，终究有缝隙可以透进一丝光明。但是，整个句子读来却有着成分不足或多余之感，造成文意上无法一气呵成。句子中的形容词“阴沉”，是用来形容“世界”的，应该是指这个世界可能是“黑暗的”，让人沮丧。但是，紧接着“阴沉”，马上写的是“微小如烛光”，读者可能会理解为“世界微小如烛光”，但此处，以“微小”来形容世界，是指空间上的“小”，这又该如何与前面的“阴沉”一词在文意上衔接呢？另外，“世界”强调的是空间的概念，“烛光”强调的是光线或光亮的概念，“世界”与“烛光”这两个具体的名词意象，在此到底是怎么产生关联的？这就是逻辑不通。

第四步：尝试修改病句

以下为一些有语病或是“语言癌”的句子，我们尝试分析并修正一下（“√”是修正后的句子）。

❶ 压力锅将密闭锅内压力变大后，使水的沸点变高，如此便能更快将食物煮烂。

√压力锅的原理是将密闭的锅内压力变大后，使水的沸点变高，如此便能更快将食物煮烂。

❷ 生命是一抹照射世界的阳光，温暖了天地之间所有的人事物，即使受伤，也能得到一丝慰藉。

√生命是一抹照射世界的阳光，温暖了天地之间所有的人事物，即使幽闭的角落，仍然拥有余温的照拂。

❸ 没有物质的爱情是一盘散沙，不用风吹，走两步就都散了，我们需要用纯净的水让它凝聚起来。

√没有物质的爱情是一盘散沙，不需风吹，只需一丁点儿时间，就消失无踪。沙要再聚集成堆，而后成塔，是要靠时间与空间的合力，并且适时加上一些水来调剂与塑形。

❹ 幸福是麦芽糖，永远甜甜地黏在一起，却不会觉得腻。

√幸福是麦芽糖，甜甜地黏在一起，永远不会觉得腻。

❺ 青春是不断碰壁的迷宫，虽然充满挫折却终会找到出路。

√青春是不断碰壁的迷宫，过程中，虽然充满挫折，终究能找到出口的。

❻ 然而昔日的光景仍温存于脑海深处时，当夜深人静时偶然的回想只会令人觉得格外的清晰与痛心。

✓昔日的光景仍存在于脑海深处，每当夜深人静时，它们会不由自主地翻搅而后浮现出来，令人觉得格外的清晰与怀念。

❼ 青春是首来不及完成的乐章，在音符乘着浪头打上岸的前一瞬间，就匆匆地退去了。

✓青春是来不及完成的乐章，在音符乘着浪头逐一拍打而上岸的瞬间，就隐没在浪潮里了，看不到共鸣同奏的时刻。

❽ 孩童时的那份纯真，胜过了一切的压力与不安，不知道出了社会后的压力，也不了解如何去安排未来，只知道用笑声来带过一切。

✓ a. 孩童时的纯真，不解所谓的压力与不安为何物，不知道课本的压力，也不了解未来是怎么回事，只知道以笑声填满生活。

✓ b. 孩童时的那份纯真，是每个人想要回头寻找的记忆。孩子不知道进入社会的压力，也不了解未来是怎么回事，笑声与欢乐是那时生活的全部。

❾ 圣母峰上的雪原映着深白的光，那是我的目标，愿望达成之际的呐喊，它将要来到，满足我青春十八岁的愿望。

√ a. 圣母峰上的雪原映着皑皑的白光，那是我梦寐以求的目标，当愿望达成之际，我放肆地尽情呐喊，满足我青春十八岁的愿望。

√ b. 圣母峰上的雪原映着深白的光，一道指引梦想的光。那登上峰顶的呐喊，终将响彻云霄，萦绕在雪原之上。

⓾ 我和爸妈相处时间变得那么少，大概是当我可以将整只脚掌放在地上的时候吧！此时的我也已精疲力竭，是心中的疲倦。

√ 当我可以将整只脚掌放在地上行走，开始我的人生时，才发现我和父母相处的时间也渐渐变少了。

⓫ 新手机问世了，苹果的第十代手机问世了，它的价格是智能型手机，前所未有的高，甚至是超过了一台最入门的机车。

√ 新手机问世了，苹果的第十代手机问世了。它的价格是截至目前智能型的手机里最高的，甚至已经超过了一台入门机车的价格。

接着，我们再来看一些有语病或“语言癌”的句子，它们有什么问题？我们可以如何修改呢？

❶ **生命是一泓出现在沙漠里的泉水，使濒临绝种的人重新看到生活的希望。**

解析：此句将生命比喻成“泉水”，句后使用“濒临绝种的人”一词来作为承接，似乎不太妥当（物种灭绝的概念吗？），而后又有看到“生活的希望”，为什么生命是泉水而可以看到生活的希望？“生命”和“生活的希望”两词的关系太接近而无法区别。

❷ **爱情是鲜红的蔷薇，在月光下绽放它的鬼魅，却又像苍白的玫瑰，诉说着人们凋零的心。**

解析：这里其实把爱情比喻成两个主体：“鲜红的蔷薇”“苍白的玫瑰”，不过它的叙述过程太简单，以致在意义上不够具体。鲜红的玫瑰在月光下绽放“鬼魅”，还可以想象它们之间的联结；但是“苍白的玫瑰诉说凋零的心”，让人比较难以理解，如果针对其中一个比喻的主体深入地描写会更好。

❸ **幸福是一种麻药，使人快乐，使人满足，然后使人忘却痛苦，沉沦其中。那不断燃烧的大火，不知何时已如风中残烛。**

解析：“燃烧的大火”和“风中残烛”的关联性是什么？

❹ 生命是一个偌大的校园，从来不放学，钟声永不停歇，保存了你我的天真无邪。

解析：校园永不放学、钟声不停，就可以保存“天真无邪”，这中间是否缺了什么语句成分呢？

❺ 爱情是未知的黑洞，吸引你去探索它的甘甜，然而太过沉醉会被四分五裂。

解析：“未知的黑洞”为什么会有甘甜？

❻ 能和爸爸跟好朋友爬山是一件非常幸福的事情！

解析：此句中的“好朋友”是爸爸的好朋友，还是作者自己的好朋友？

❼ 收到冬瓜及南瓜真的很高兴，但就是会要连续吃好几天。

解析：此句是很典型的“口语化”文字，要做更多修正，让它更接近书面语言。例如：收到住在南部的父母寄来亲手种植的南瓜、冬瓜，真的让人倍感温暖；不过，让独居的我头疼的是，可能得一连数天吃同样的食物了。

❽ 青春是尖峰时刻的十字路口，只有情感在同一时间流入心中。急速奔腾，小心回转。同时接收着来自各方的讯号，彷徨

地找寻该走的方向。

解析：这句话有三个句号，意谓应当有三层意思。首先，第一层次，将青春比喻成“十字路口”，可是“情感同一时间流入心中”和“十字路口”的关联是什么呢？此处前后文意衔接不顺。第二层次，“急速奔腾，小心回转”的主语是什么呢？是青春，是十字路口，还是……？此处语意不明。第三层和第二层是同样的问题。

❾ 爱情是盛满水的瓮，瓮底破了个洞，水失去控制地流，直到被掏空，只能静静等待时间，将其再一次填充。

解析：此句前三个分句都没有问题，语意流畅且衔接；但是，第四句“直到被掏空”就前后文意逻辑来说，并不正确。因为，已经说瓮底破了个洞，为何又被掏空？是什么东西被掏空？是何者（主语）掏空何者（宾语）？句子接着又说“只能静静等待时间，将其再一次填充”，如果就前面的语意来看，瓮底破洞，又如何仅靠时间就能够复原？并且“将其再一次填充”这句的主语是什么呢？到底是填充什么？整个句子的主语与宾语不明确。

04　基本目的：沟通与表达

关于写作的基本认识

写作是锻炼衡量分析、应用、整合、联结、联想、综合等能力的好方法。事实上，写作不该只是一个结果，它更应当被视为过程，而且是一种学习的过程。因为在写作的过程中，你可以探索不同的概念，发现多重的联结，建构多元的组织，整理跳跃的思路。不妨想象自己是一个导演，你要如何通过角色、情节、场景、道具等种种有形的、无形的事物来表达自己的主要思想及创作意图。

在写作前，有个观念必须先认清，文章写得好或是不好，有时候会是一种个人的主观判断。写作主要是表达自己的思想、意念和心绪，是一种表达能力的呈现，它的目的是让他人理解，以完成沟通。所以，文章的首要宗旨在于能否让他人看得懂、读得通，而写得好不好、美不美则是属于审美或艺术层次，那属于作文章的进阶目的了。

此外，一直以来有个模棱两可的概念，即“作品”与“文本”，这两个词到底怎么区分？它们是同一个概念，还是两个完全不同的概念？其实，严格来说，它们是同一个“产品”。不过，“作品”这个词是以作者为出发点的，它是封闭的，作者是作品的创造者；而“文本”一词则是从读者角度出发的，它是开放的，读者的诠释权与审美观是自由的。本书中，会较多地提及这两个词，不过，鉴于读者觉得“文本”一词过于学术，之后的内容中会以“文章”这个更为中性的词语替代。

05　检验文章的三个标准：逻辑、语法与修辞

文章能否让人看得懂，重点在于语言文字的完整与否。关于“完整”的界定，简单来说，可以省察文章的三个向度：逻辑、语法、修辞。而这三个向度，也是写作的三个重要面向。其中，逻辑是指文章思路的处理是否妥当。这部分在后面的章节中会有专文介绍。

第二个向度是语法，也有人称为“文法”，主要包含词法及句法，它是指一种语言在组词、造句上的规律。语言中的词汇、短语及句子，有它的逻辑顺序及构成特征，如“美丽的心情”由一个形容词“美丽的”加上名词“心情”而组成，形容词搭配名词所构成的词组，是中文里一种简单的语法。

但是，在不同的语言环境里，语法一词，也有可能倾向于指称句子的构成规律（也就是句法）。词法通常包括词的构造、词

的变化及分类等；而句法则包括词组的构成、句子的构成、句子成分和句子类型等。

第三个向度则是修辞，修辞主要是指增强言辞或文句效果的艺术手法。简单来说，就是让文句具有审美效果的手法，它可以让语言文字更形象化，能够调整语言文字表情达意的方式，能够使文句有更为优美的形式。通过修辞的技巧，作者可以将思维与情意精准而贴切地表达出来，唤起读者的共鸣。西方关于修辞一词的概念比较广泛，包含口语、文字及其他相关联的多层面；而在中国，一般来说，人们提到修辞，主要想到的是其在写作上的运用。

任何文本，都是由以上三大向度——“逻辑”“语法”及“修辞”共同串联出主旨而建构的。

标准一：写作的逻辑

再回到我们刚才提到的逻辑。日常生活里，我们常听到这样的说法：“他刚刚说的话不合逻辑。”“我写的文章被主管说逻辑不通。”逻辑到底是什么？大家都说逻辑很重要，但是又无法精确地定义“逻辑”。它是约定俗成的规律吗？我们平时说一个人说话合乎逻辑或不合逻辑，大致上是在说对方的思考合理或不合理，但是，这个合理和不合理的界限，其实十分模糊。

简而言之，逻辑就是关于思考的命题。“思考”听起来很抽象，其中最重要也最简单的说法，就是合于因果律的思考，合乎一般常态、常情的规律，便可以称之为“合乎逻辑”。通常善于思考，并且其言行能够合乎一般逻辑的人，他说话与做事更有条理，不常出错，倾向于理性思维模式。普遍来说，合乎大众共同认知的逻辑，它的特点是合理。什么是合理？例如：“总统搭乘空军一号的专机到外国去”这个句子是合理的；但是，“老师搭乘空军一号到美国去”便不太合理。所以，我们可以这么说：若一个论点经过推理后被证明是错误的，便可以认为其不合逻辑。

逻辑的分类，一直有许多不同的观点及看法，以下就大家较常听到的几种概念分类来介绍。

第一种是依据语言文字给读者的感受，分为情感逻辑和语意逻辑。

情感逻辑：所谓情感逻辑，意思是语言或文字的呈现符合读者普遍的、一般的认知。通常情感逻辑是比较个人的、审美的、主观的和文学的。

语意逻辑：语意逻辑是指文字或语言的意义连接符合大脑思维的认知，而这个认知是奠基在某个社会语境里，大家普遍遵守的语法概念、修辞思维等。这部分因语言使用者的社会环境、文化背景不同而不同。基本上，它倾向于合乎普世概念，并且是客观呈现的。

第二种分类的内容和第一种分类有相似之处，分别称为思维逻辑及语言逻辑。

思维逻辑：思维逻辑是指个人大脑意识、情志思维等思想运作的模式。

语言逻辑：语言逻辑和语意逻辑相似。在本书中，我们把语言逻辑分为语法（又称“文法”，包含词法、句法）及修辞。我们看以下两个句子：

❶ 出社会之后，才发觉校园生活有着单纯的美好。

❷ 进入社会之后，才发觉校园生活有着单纯的美好。

我想以中文作为母语的人，看到这两个句子，一定会认为它们的意思看起来差不多。但是你有没有发现其中的矛盾点？上句是“出社会”，下句是“进入社会”，这两个词语明明是相反的概念，为什么一“进”一“出”，二者竟然在语意上相似？主要原因是“出社会”是闽南方言的用语，而“进入社会”为普通话用语，在闽南语及普通话里，它们表达的意思是一致的，都是进入社会里的概念。此处是闽南方言用语渗入普通话用语的例子，以上便是一种语言逻辑现象的分析。

第三种则是以写作方式来区别，可以概分为形象逻辑与思维逻辑。这一分类对于提升写作能力有很大的帮助。

形象逻辑：形象逻辑是指文本中具体可见的人、事、时、地、物等，在英文中是“Who、When、Where”，以及种种具象化的“What”。换个概念来解释，形象逻辑就是你用叙事或是描写的手法而呈现的文字（叙事和描写一起组成中文里大家熟悉的“记叙”）。

思维逻辑：思维逻辑是指在文本中所呈现的抽象思考层次。简单来说，就是你在文章中用来解释为什么（Why），以及说明如何操作、如何进行等层面的内容，它倾向于“How”的概念。思维逻辑最常使用的写作手法是说明与议论，这两者，我们一般习惯合称为“论说”。而关于叙事、描写、说明和议论等四种手法我们在下一节会专门论述。

“知性”与“感性”文章怎么写

从 2018 年开始，台湾地区的大学入学考试开始将写作进行独立测试，并且将考试内容分为知性题与感性题两部分。这是一个很大的跃进，也是一种预告，在这之前，台湾地区各类考试的写作题目里，从没有将知性与感性的写作分开来看，这样的分类很明确地揭示出写作的范畴与方向，其实这是好的发展。大脑的思维，主要就是在知性与感性这两个层面进行的。不过，感性写作并不意味着情绪反应，它更倾向于情意（喜、怒、哀、乐……）感受的抒发，“情意”不等于“情绪”。抽象的情意，有时要通过具体的事物来表现，才会更为传神到位，可以说是一种艺术化的表现。

而知性写作则是一种实用的语文表达力，它的内涵更为接近本章节所谈的主旨，它需要很多逻辑的运用，包含图表的制作判读，资料的统整归纳等。知性写作期待解释现象、验证事实、提出观点……知性写作也是日常生活与职场里常常会遇到的。

不过，我们在写作时，大脑中其实并没有绝对的对知性与感性的二元划分。任何一个作品中，有知性的成分，也有感性的成分。这有点像太极“两仪”的概念：阴中有阳，阳中有阴；感性中有知性，知性中带感性。

我们来看一篇科普的知性型文章，大家便可以理解它和文学类文章的殊异。知性型文章的特色是提供知识点、表达某种观点及论点。

欧洲人在十八世纪发现澳洲以前，他们所见过的天鹅都是白色的，所以，在当时的欧洲人眼中，天鹅只有白色的品种，直到欧洲人发现了澳洲，看到黑天鹅。

在发现澳洲之前，旧世界的人相信所有的天鹅都是白的——这个想法其实没有错，因为它和实证现象完全吻合。但只要一只黑天鹅，便足以让一个基于白天鹅被看到千万次所形成的认知失效。出乎意料的“黑天鹅事件”*，说明了人们从观察或经验所学到的事物往往有其局限性。人们无力预测“黑天鹅事件”，也显示了人们无从预测历史发展。但“黑天鹅事件”发生后，人们又会设法赋予它合理的解释，好让它成为是可预测的。因此，许多学说总在“黑天鹅事件”后出现。虽然令人难以置信的“黑天鹅事件”经常冲击现有的局势，但我们如果愿意反知识操作，或许可以从中侥幸获利。事实上，在某些领域，例如科学发现和创业投资，来自未知事件的报酬非常大。发明家和企业家往往注意鸡毛蒜皮的小事，并在机会出现时认出机会。

[2018 年台湾地区大学入学考试国文考题。内容来自纳西姆•尼古拉斯•塔勒布（Nassim Nicholas Taleb ）的《黑天鹅》]

从这篇文章中，我们看到非文学作品的特色是不以文采华丽与否为考量，不以表达作者主观情感为重点，而是提出某个知识点，并对知识点进行辨证的论述。最后，它不一定有答案或结果，但是它必然会出现一个暂时的结论。

---

* 黑天鹅事件：是指极不可能发生，实际上却又发生的事件。它出现在一般的期望范围之外，由于过去的经验，让人们不相信它出现的可能。但是，因为天性使然，人们往往会自圆其说，做出某种解释，让这事件成为可解释或可预测的。

分辨“事实”与“观点”

在国外关于逻辑或思辨的训练最常见的是要人们分辨事实（Fact）与观点（Opinion）。事实具有客观、普世认知且可以验证的特点，而观点则倾向主观的表述。

面包通常是用面粉做成的。（事实）

面包松软可口很好吃。（观点）

面包是面粉制成的，这是多数人认同的事实；但面包松软好吃就是见仁见智的观点了，因为有的人或许认为像法国面包那样才有口感。

能够明白事实与观点的差异，基本上就可以分辨主观与客观之别，这对于逻辑的训练有一定的帮助。人们在日常生活里大量使用逻辑，所谓合于逻辑就是合乎常理，不会前后矛盾。在文章中，我们可以通过上下文脉络来判断逻辑的合理性，而日常交际的语言，也是可以推断逻辑的。当然，日常交际语言的逻辑性没有文章的逻辑来得繁复及缜密。

我们借由以下文字，来看看违反逻辑的实例。

每个人对感情都有不一样的看法，相处在一起的两个人也可能发展出不同的方法，却不是每一段感情都能永远存在，像是生离死别、吵架，或任何一件小事，都可能让原本看似完美的一段恋情在一瞬间破灭，但消失的不过是对外的说法，表面的关系吧！

以上文句，由于整段只有在最后以一个感叹号作为结束，没有句号，所以在阅读理解时，我们就不中断文意，稍微分析一下此段文字的逻辑问题。

❶“每个人对感情都有不一样的看法，相处在一起的两个人也可能发展出不同的方法”，第一句说了每个人对感情有不一样的看法，但是，没有接着讲有哪些看法就停了；紧接着作者提出另一个观点，说“相处在一起的两个人也可能发展出不同的方法”，此句有些语焉不详，没有讲清楚“不同的方法”到底指什么，之后也没有其他的补充说明。如此将两个未能充分阐释的句子衔接在一起，然后戛然而止，让读者有点不知所云。

❷“却不是每一段感情都能永远存在，像是生离死别、吵架，或任何一件小事，都可能让原本看似完美的一段恋情在一瞬间破灭，但消失的不过是对外的说法，表面的关系吧！”，这段话，前后句文意衔接不上，我们尝试修改一下。

却不是每一段感情都能永远存在，很多感情会画上休止符，原因有很多，像是生离死别、吵架，或任何一件小事，都可能让原本看似完美的一段恋情在瞬间破灭。

意象的集中与逻辑的连贯

在生活里，我们应该听过这样的对话："你的文章里，有个地方的逻辑好像怪怪的。"其实，这是指文章中的上下文脉络或逻辑思路不太连贯。如果就论述类的文章来说，很可能是论点、论据、论证彼此衔接不明，甚至互相矛盾；如果就文学性文章来说，很可能是文句之中前后的意象不连贯、思绪太跳跃，无法让读者顺畅地读完。

而意象是什么呢？简单来说，就是抽象的意念通过具象的事物呈现出来。学术上的说法是，"客观物象经过创作者主体独特的情感活动，进而创造出来的一种艺术形象"。写作就是用语言文字来呈现难以言说的、抽象的心情与想法，让它具体化；或把人物、事物的样貌形态描写得活灵活现，宛如就在眼前一般。以苏轼的诗作《六月二十七日望湖楼醉书·其一》为例："黑云翻墨未遮山，白雨跳珠乱入船 。卷地风来忽吹散，望湖楼下水如天。"在这首诗中，苏轼运用具象化的词语，如"黑云翻墨""白雨跳珠"等来形容乌云密布、急雨奔肆，顷刻之间又雨过天晴的景象。

简单来说，所谓意象彼此关联，也就是句子中的组合元素（各个词语）能彼此关照，在意义上前后承接。我们来看看在现代作品中，作者如何让意象彼此连贯而形成脉络分明的文章。

人与人之间，就好比点与线，若有份关怀，点线就能连成面，长久地圈在一起。

句子中，“点”“线”“面”三个意象之间有着由小而大的联结关系，并且，最后使用动词“圈”字，传神地将人与人之间的网络串成一个完满的圆。现在，请阅读以下两段文字，想一想，它们又是如何将意象串接在一起以呼应主题的。

秋，悄悄委托日月山川，换装、易容，粉墨登场。阳光的热力收敛了些，不再以吸吮的大口浓烈地爱着。风的身姿，轻盈有致，不再霸气，它斜斜地来，柔柔地吹，软软地晃荡着，悄悄地点了恋人的唇。街头，男男女女的脸部线条是有韵的汉隶，不再写着挺拔的楷书。于是，那两道名为岁月的法令纹，牵着嘴角，一起蜿蜒出优雅的弧度。

这段文字有两组意象，第一组是秋天时大自然景色的变化，包含阳光、风，都不如夏天时的浓烈。第二组则是秋天里路上行人的表情变化。作者用“汉隶”“楷书”“法令纹”“嘴角弧度”等多个有关联性的意象串接出行人脸部的表情。

爱情里的虐心是“自寻哀愁”，并且尝试让哀愁成了“痛”。从头开始，彻头彻尾的“痛”。终于，有天，你决定了，消灭“痛”，它就开始结“痂”，逐渐愈合，逐渐褪色……而后成了“疤”，过不了多久，它就是“痕”迹了。

此段中用“痛”“痂”“疤”“痕”等四个“疒”部首的字，勾勒出一串伤痛的深浅之别，从哀恸到最后的云淡风轻，串联出一组彼此关联的意象。

情感性是文本呈现文学性的重要体现。情感是文学材料形成的心理动力，文学材料的形成是个人与外物交融的结果。我们常常听到：因物起兴、睹物思情、情以物迁、由景入情……这些都说明了人的情感与外在的人、事、物联结的关系，像辛弃疾的名句“我见青山多妩媚，料青山见我应如是”，就很清楚地表现了人和物的移情关系及投射作用。

文学语言的特色是展现情感，主要呈现作者的情感与心志，因此，为了凸显个性，文章必须要有主观的情调。不过，即使是文学语言，它表达的程度仍然有强有弱，表达的方式有曲有直、有隐有显，不一定都是文绉绉的文青风，也可以是淡然理性之风。

接着，我们来看看偏于论述性质的知性文字如何呈现风格。它们通常先确立主要观点，然后以合理的逻辑脉络来连贯上下文，达到突出主旨及中心思想的目的。若是随想随写、拉里拉杂，就无法鞭辟入里，一不小心偏到旁枝去，就回不到主干，这正是写作知性类文章的大忌。

以下两段小文可帮助我们理解段落里的逻辑如何连贯，意象又如何集中。

中国历史充满了悲剧，但中国人怕看真正的悲剧，最终都有一个大团圆，以博得情绪的安慰，心理的满足。唯有屈原不想大团圆，杜甫不想大团圆，曹雪芹不想大团圆，孔尚任不想大团圆，鲁迅不想大团圆，白先勇不想大团圆。他们保存了废墟，净化了悲剧，于是也就出现了一种真正深沉的文学。

没有悲剧就没有悲壮，没有悲壮就没有崇高。雪峰是伟大的，因为满坡掩埋着登山者的遗体；大海是伟大的，因为处处漂浮着船楫的残骸；登月是伟大的，因为有挑战者号的陨落；人生是伟大的，因为有白发，有诀别，有无可奈何的失落。

（余秋雨《废墟》）

上述段落是在谈悲剧之于人生、之于历史是种必然的存在，因为有悲剧才能有悲壮，而这些悲壮造就了伟大。人类的伟大、人生的伟大、情感的伟大……凡是伟大，都来自残缺与悲剧。作者为了印证他的论点，举了历史上可歌可泣的人物与作品，这些人物与作品都有着不圆满的悲剧结局，也因而得以不朽，得以伟大。这样的论点（观点）、论据（例证）、论证（讲述的过程）彼此充分调和，造就了逻辑完整、前后呼应的作品。

符合文学的感性是否就无法符合知性的科学？事实上，从前面的分析中我们可以看到，感性型的文章，多数以叙事与描写手法来写成，它们很重视故事性及情感经验的召唤与共鸣。因此，文学文本通过意象来前后铺陈，彼此连贯，形成有机的意象群，这是很重要的特征。一旦意象群成立，文章的组织结构通常也就成形了。

而知性型的文章，着重抽象思维的能力：如何提出观点，如何找到合适的证据及材料，观点与证据之间的逻辑联系又该如何进行。这是知性型文章的特色，它们需要的是“逻辑”前后合理且不矛盾，需要通过更多的说明及议论来突出观点。

总结来说，知性与感性的文章，无论是考量“意象”集中，还是考量逻辑连贯，它们都在寻找一种文章内部的有机组合的“一致性”，这种无形的一致性是作者与读者可以顺利交流彼此想法的关键。人的思维是跳动的、多元的、时时刻刻变化的，你抓得住思路，才驾驭得了写作！

我们来看看元曲第一大家马致远的作品《天净沙·秋思》。

枯藤老树昏鸦，
小桥流水人家，
古道西风瘦马。
夕阳西下，断肠人在天涯。

这个作品中，作者用了九个描写秋天萧瑟的意象——枯藤、老树、昏鸦、小桥、流水、人家、古道、西风、瘦马，营造出一种秋天哀伤的、落魄的、孤寂的氛围，而游子思乡的苦闷之情自然也就呼之欲出了。如果我们尝试把“枯藤，老树，昏鸦”改成“绿藤、大树、乌鸦”；将“古道，西风，瘦马”改成“林道，春风，骏马”……那么整首曲子的情调与趣味会大大降低，那股秋天的萧瑟就都不见了。这就是作品里意象及意象群连贯及一致的重要性。因为一致，可以让文章的脉络及主副线更显完整而明确，进而凸显主题。

标准二：写作的语法

别被语法这个词吓到了。语法是学术上比较通用的说法，一般来说它和文法的意思相似，只是语法涵盖的层面比较广，包括词汇、词组、句子等。语法规则主要是指词的变化规则和用词造句的规则，也在说明一种语言文字在逻辑意义、结构特征以及构成方式上的特色。

中文不像英文有时态变化（现在时、过去时、未来时等），中文主要靠虚词和语序这些方式来表示语法意义。我们知道，在任何语言里，不论是字或词语都是要放在句子里应用，才能显示它的意义，所以，句法其实给人们提供了一种编码，使人们能够利用句子中词语的序列去理解意义。

语法最常使用的领域，就是在句子里。简单来说，中文句子分成单句和复句两类。由一个词或一个词组（不论长短）形成的句子是单句；复句则是靠单句和单句之间的关系结合的。语言学专家邓仕梁曾说："关于句子可以有这样的认识：不管用什么术语来说，除了单词所构成的句子（例如：蛇！），一般句子都有陈述的对象和陈述的内容两个部分，可以用教学语法系统中的'主语'和'谓语'两个术语来表示。"如"我很热"（"我"是主语，"很热"是陈述我的状况的谓语），"爸爸去上班了"（"爸爸"是主语，"去上班了"是陈述爸爸状况的谓语）。单句之间再组合就构成了复句。复句有哪些类型呢?

联合关系的复句：分句之间的地位不分主次。

❶ 表示并列关系的复句。常用关联词有：也，又，还，另外，同时，同样，也……也……，又……又……，不是……而是……，一面……一面……。

虚心使人进步，骄傲使人落后。

❷ 表示选择关系的复句。常用关联词有：宁愿……也不……，与其……不如……，不是……就是……。

奢则不逊，俭则固，与其不逊也，宁固。

可以取，可以无取，取，伤廉；可以与，可以无与，与，伤惠；可以死，可以无死，死，伤勇。

❸ 表示承接的复句。常用关联词有：首先……然后……，起初……后来……，就，便，才，于是，然后，后来，随后，接着。

他们从地上爬起来，擦干净身上的血迹，掩埋好同伴的尸首，然后继续斗。

❹ 表示递进关系的复句。常用关联词有：不但（不光、不只、不仅、非但……）……而且（还、也、又、并且、更、反而、反倒……）。

他非但不承认自己的错误，还一味把责任推给别人。

❺ 表示解说关系的复句。

孟子以为：富贵不能淫，贫贱不能移，威武不能屈，此之谓大丈夫。

主从关系的复句：分句之间的地位有主有次，分句中有一句的意思是主要的，另一句是次要的。

❶ 表示因果关系的复句。常用关联词有：因为……所以……，既然……那么……，因此，因而，以致。

因为大学期中考试日期将近，所以图书馆里满满都是人。

❷ 表示转折关系的复句。常用关联词有：虽然（尽管）……但是（可是、却、而）……，尽管……还……，可是，但是，但，却，不过。

虽然我们无法任意加长生命的长度，但是可以扩充生命的广度及挖掘生命的深度。

❸ 表示条件关系的复句。常用关联词有：只要…… 就……，除非…… 才……，只有……才……，无论（任凭、不论）……都……。

只有吃得苦中苦，才可以成为人上人。

❹ 表示目的关系的复句。常用关联词有：为了，以便，以免。

为了参加马拉松比赛，衍戎三个月前就开始准备。

❺ 表示假设关系的复句。常用关联词有：如果（假如、倘若、要是、倘使、若是……）……就（那么、那、便）……。

如果不付出努力，就无法让梦想成真。

接着，我们尝试来分析鲁迅《孔乙己》里的一段文字，以明了复句类型对理解文意的辅助作用。

我从此便整天地站在柜台里，专管我的职务。虽然没有什么失职，但总觉有些单调，有些无聊。掌柜是一副凶脸孔，主顾也没有好声气，教人活泼不得；只有孔乙己到店，才可以笑几声，所以至今还记得。

❶ 虽然没有什么失职，但总觉有些单调，有些无聊。（转折句式）

❷ 掌柜是一副凶脸孔，主顾也没有好声气。（并列句式）

❸ 掌柜是一副凶脸孔，主顾也没有好声气，（因此）教人活泼不得。（因果句式）

❹ 只有孔乙己到店，才可以笑几声，所以至今还记得。（条件句式 + 因果句式）

标准三：修辞让文字华丽转身

修辞是增强言辞或文句效果的一种方法，它可以让句子华丽转身，移形换步。不过，对于修辞，我们似乎存有一些偏见，这可能跟修辞的教学僵化及修辞成为考试题目有关。修辞，的确不只是为了考试而生，它是为了使语言文字的表达更为流畅、充分及完整而产生的。修辞一词是从西方来的，在西方，修辞最早是指修饰口语之辞，后来扩展到文字层面。

目前，修辞的教学正在改良。因为过去常常将修辞的教与学变成固定的模块套用，忽略了语言文字的灵活与丰富；而学习者常因没有掌握好修辞的意义与真谛，习惯于堆砌辞藻、背诵成语，使修辞失去了使用的价值。真正的修辞应能在文句通畅之余，更加凸显主旨，增强文章的艺术性。

人们写作，通常是因为内心有所感、大脑有所思，想要进一步通过文字来表达，而修饰文字是为了更好地传递信息。所以，我们不是为了某个修辞才刻意造文。下面，不妨通过例句来看看修辞的内涵及效果。

他的话语温暖了我懊丧的情绪。（转类）

转类是指将词语原来的词性加以变化，如句子中的“温暖”一词本为形容词，此处做动词用。

“美”，只在瞬间出现，有时候根本不容人靠近，宛如在云雾掩拥里汪洋上的孤绝之岛，偶一现身之后，总让人怀疑刚才是不是真的见过她。（比喻）

（席慕蓉《泰姬玛哈》）

生命是一袭华美的袍，爬满了蚤子。（比喻）

（张爱玲《天才梦》）

思念纵横罥张，伤痛崩解伪装，繁花在时光中凋谢，在记忆中盛开。（排比）

（林俊杰《时之繁花》）

这是最好的时代，也是最坏的时代；这是光明的时代，也是黑暗的时代。（对比）

（狄更斯《双城记》）

以上这些简单的修辞让文字生色，让原本直白的文字，有了更鲜明灵动的形象，进而使读者印象深刻。如果写作者想要认真且用力地学习修辞，最简单的方式，就是从歌词入手。我戏称流行音乐是加入了声色效果的新诗，它是新诗具体的实践轨道之一。很多流行歌词使用了精练的语言、适切的修辞以呈现绝佳的意象。

银色小船摇摇晃晃弯弯（银色小船比喻“月亮”）

悬在绒绒的天上（“绒绒的”形容夜晚天空一片黑绒绒的绵密感）

你的心事三三两两蓝蓝

停在我幽幽心上（心事如何“停”在心上？此处用了移就修辞）

你说情到深处人怎能不孤独

爱到浓时就牵肠挂肚

我的行李孤孤单单散散（移就，拟实为虚）

惹惆怅

（《离人》 作词者：厉曼婷）

叶子　是不会飞翔的翅膀（将叶子比喻成翅膀）

翅膀　是落在天上的叶子（将翅膀比喻成叶子）

天堂　原来应该不是妄想

只是我早已经遗忘　当初怎么开始飞翔

孤单是一个人的狂欢

狂欢是一群人的孤单

（《叶子》 作词者：陈晓娟）

歌曲《叶子》的文字简单质朴，却含义深远，“孤单是一个人的狂欢”是什么意思？其实，它所说的是，一个人看似孤独的时候，可能不是孤独，有可能是他跟自我对话或是独自狂欢的时刻，就像张爱玲曾说：“在没有人与人交接的场合，我充满了生命的欢悦。”而众声喧哗的欢乐时刻，也有可能只是一群孤单的人彼此取暖，看似热闹却是寂寞，因为彼此的心可能相距很远。

在文学作品中，语言最精练的是诗歌。因此，想要提升自己的文字功力，多读诗歌是个不二法门。不过，有些诗歌比较艰深，一般读者读诗时会感觉有些障碍。这时候，流行音乐是另一个好的选择。流行音乐中的歌词创作是一门很深的学问，有人将流行音乐的歌词与古典诗词相提并论，认为它是韵文的一种，近来更有不少学者将流行音乐的歌词视为学术研究的对象加以探究。

流行音乐的歌词虽然趋近诗歌，但它们还是有差别。流行音乐的歌词必须搭配音乐曲调，有主旋律、副歌之别，因此，歌词的文字势必要迁就音乐加以调整，不能说文字就是文字。

而诗歌，虽然有的搭配图像、音乐，但是仍然以文字为主。诗歌是一种精练的文字表达形式，它必须在简短的文字中，浓缩并承载许多思想及情感，因此，相较一般抒情文而言，它在文字的精确方面是更胜一筹的。

我们来看一下诗歌作者是如何在文字锤炼、意象经营及形式结构上，以设计美学的艺术工程概念来写作的。下面是诗人洛夫的一道隐题诗（有人称“藏头诗”）：

杯子轻晃

底下便有一条青蛇蠕蠕而动

不谓不毒

可也无意与人分享

饲一尾月亮在水中原是李白的主意

金光粼粼中

鱼和诗人相濡以沫

与其怀疑杯子的不满

尔不如到江边去饮自己的倒影

同样的醉态可有不同的心境

消除千般疑虑不能光靠黑格尔

万一喝错了

古人遗留下的鸩酒

愁，就不只是一江春水向东流了

（洛夫《杯底不可饲金鱼　与尔同消万古愁》）

洛夫这首作品将歌谣《杯底毋通饲金鱼》的题目及李白《将进酒》中的“与尔同销万古愁”两句结合在一首隐题诗之中。作品中，每一行的首字连起来就是“杯底不可饲金鱼，与尔同消万古愁”。

“杯底不可饲金鱼”这一句是出自吕泉生老师的闽南语歌谣《杯底毋通饲金鱼》。歌词的意思是，朋友之间欢聚饮酒，务求尽兴，要一饮而尽，不可以在杯中留有任何一滴残酒来养鱼啊！这是一种及时行乐、活在当下的具体实践，音乐人的想法和李白不谋而合。

李白在《将进酒》里说：“主人何为言少钱，径须沽取对君酌。五花马，千金裘，呼儿将出换美酒，与尔同销万古愁！”李白和吕泉生老师的心态相同，两者所呈现的精神类型是相仿的。除了隐题诗的设计之外，诗中也呈现了一些修辞妙用。例如：引用李后主的名句“恰似一江春水向东流”，将相濡以沫、鸩酒、青蛇、黑格尔等大家熟悉的典故或人物巧妙地融入诗句中。

作者洛夫曾谈起他创作隐题诗的过程，这段话可以供大家写作时思考，“在美学思考的前提下，因为标题的每个字都藏在各行诗句中，所以，会形成一种预设限制，必须放弃惯用的语言，用知性和灵感设计出全新的诗句。”从他的话语中，我们知道，有时候，语言文字受一些限制，也许更能产生文学的艺术性及凝聚效果。

诗人方群也以隐题的手法做了一首名为“同长青过三峡祖师庙”的诗：

同样的话可以说很多遍

长年习惯絮叨却不曾改变

青青河畔相思日夜蔓延

过去的落叶风干成诗笺

三言两语搅动一寸寸喘息空间

峡湾中轻舟翩翩，摆荡

祖先磐石雕琢的誓言

师道在风中向历史盘点，映照

庙口瞽叟的低沉祷念

诗歌是语言的高级艺术形式，从方群的诗歌里，我们看到高度的语言锤炼、细致的意象联结及绵密的思维逻辑。诗中的“同样的话”“絮叨”“三言两语”“誓言”“祷念”这些词都是和“口说”“话语”的意象有关，诗人将他们巧妙地联结在一起。传统文化在历史长河里看似沉默却传递出巨大能量。当然，诗中的化用技巧也是一种无形的高妙，古诗“青青河畔草，绵绵思远道”和谐化入其中；具有古典氛围的词语“磐石”“师道”“瞽叟”等也让诗句的艺术性更为凸显。

日常写作时，我们不妨从“唱反调”开始。因为，人们对于一个新鲜的议题或现象总是习惯性地先反驳或抗拒，你可以利用这个基本反射动作，在写出一个句子之后，在它的后面继续以反面之笔，来补充一句。例如：这部剧让人又悲又喜，一边惧怕，一边却不得不继续观看。

狄更斯在《双城记》中说：“那是信任的时代，也是怀疑的时代；那是光明的季节，也是黑暗的季节；那是希望之春，也是绝望之冬；我们应有尽有，我们一无所有……”这个句子的构思，对于想要在写作技巧或是修辞上有所改善的人，是一个极好的示范。信任和怀疑相对；希望之春和绝望之冬相对；应有尽有和一无所有相对。这些具有强烈对比性质的词语放在一起，造成一种反差的张力，让人眼前一亮并且难以忘记（就修辞来说，这是“对比”的手法）。

于是，我尝试造了一个句子：

当时间不停前进，人群不断后退，我们得认真地活在每个此刻，热情且欢笑地拥抱周遭的人，因为这是对时间最简单的珍惜。

建立写作后的反馈机制

了解了几种常见的逻辑分类及语法句型之后，我们又该怎么训练自己的逻辑能力呢？其实，我们可以从写作开始，花时间写出一篇让别人能读懂的文章，就是训练自己的组织与思考能力的起点。许多人讲话条理分明，直言无碍，但是要把口头说的话，写成一篇明白流畅的文章，并不容易。从口语转译到文字，所需要的思维系统不一样，所以写作是需要学习并练习的。

写作的练习要怎么开始？建议大家从一些网络平台所提供的空间开始，例如微博、微信等，因为这些网络平台可以帮助你保留纪录，从一些简短文字的表述开始培养自己养成写作的习惯并训练整理思路的能力。不过，我们必须注意的是，简短的写作往往不易觉察出逻辑上的问题，通常要一定数量以上的文字，才可以从中观察出写作者的思考脉络。

至于写作的内容如何选择，建议你从介绍一件事开始，这件事可以是自己擅长的，也可以是自己最喜欢的，或者是你已经完成的……例如：你会煮意大利面，就可以介绍自己如何从买材料到最后做好意大利面，将整个流程表述出来；又或者你去看了一部很感人的电影，可以介绍那部电影的内容概要，并列出几个让自己印象深刻的场景，或是电影感动自己的原因。

先从能够具体化的内容开始写，完成之后，进行同行反馈。让平辈朋友阅读，但是你不可以在一旁进行补充说明，要让阅读者自行就文字来理解，如果他们有看不懂的地方，你再修改；然后，请他人再读一次。有时候可能是你写得太多而显得冗赘，让人抓不到重点；有时候是你以为别人懂，于是写得太少，显得太简略或太跳跃。通常，他人的阅读会协助你找到语病或逻辑不通的地方，因为写作的人容易当局者迷。

写作的反馈有三种模式，分别是“专家反馈”“同行反馈”及“自我反馈”。“专家反馈”中的专家，在学校阶段是老师，进入社会后是一些写作专家等；“同行反馈”则是指平辈朋友之间相互的反馈与交流，通常这种做法是最简单且最没有压力的；“自我反馈”则是自身的觉知及修正，这更适合对于写作有一定的娴熟度或感兴趣的人。

以上练习完成之后，你就可以尝试写一些抽象议题的论述，例如，对“老弱病残专座”使用的建议、对“无性别”卫生间的看法等。写这类文章时，你需要缜密思考，确保逻辑严谨。你可以从为何对这个主题感兴趣开始进行解说；接着提出你的观点或论点，并且详述你的论证过程；然后列举可以支撑你论点的论据，有时也要站在反方的立场设想，进行所谓的“换位思考”，以便让整篇文章更全面。

通过拓展思考的纵深，有正方与反方的立场能让自己的思路更为周全，逻辑思考力也能随之提升。最后，记得要有个明确的结论。另外，在一篇具有说服力及可信度的知性文章里，“议论”“说明”的手法是必备的，掌握了“论点”“论据”“论证”三者，你便可以初步完成一个知性论述类的作品。当然，作品完成后，别忘了给朋友阅读一下，让他们谈一下阅读感受，或提出一些建议，经由这样的反复练习，你可以看到自己在逻辑思考写作上的优点与不足。

06 剖析文章结构：字、词、句子与段落

元素一：字

明白了逻辑之后，我们接着来看文章到底是怎么组成的。文本的组成有它的内在有机性。基本上，文章都是由字、词、句、段，逐步累积而形成的，这个过程在不同的语言文字里都一样。就汉字来说，汉字的学问博大精深，并且它的构造及使用规则是具有系统性及科学性的。在中文里，一个单字可以是“字”，也可以当作“词语”，例如，“天”是个单字，它可以和其他单字搭配，形成词语，如“天气”；而“天”自身也可以独立当作一个“词”。

鲁迅在小说《药》里有一段精彩的叙述。

那人一只大手，向他摊着；一只手却撮着一个鲜红的馒头，

那红的还是一点一点地往下滴。老栓慌忙摸出洋钱，抖抖地想交给他，却又不敢去接他的东西。那人便焦急起来，嚷道："怕什么？怎的不拿！"老栓还踌躇着；黑的人便抢过灯笼，一把扯下纸罩，裹了馒头，塞与老栓；一手抓过洋钱，捏一捏，转身去了。

此处鲁迅一连用了十几个与手部动作相关的字词：摊、撮、摸、交、接、拿、抢、扯、裹、塞、抓和捏一捏，通过多个略有差异的动词，传神地显现出小说里人物的举措态度、心理变化，同时推进了情节发展。小说的戏剧张力及人物形象就是借由这样细微的刻画而跃然纸上。而这些从手部衍义而生的词语，在读者阅读时，又可以通过句子的前后脉络来凸显其间的差异及各自精准的意义。

元素二：词

词的构成原理，如果就语法而言，可以分成单纯词和合成词，它们有不同的组合方式。

单纯词是指由一个语素构成的词，它又可以分成单音节（如天、地、花、鸟）和多音节（包含双音节和三音节，如仿佛、咖啡、嘻嘻哈哈）。这些多音节的词不论有几个音节，都不能拆开，必须要结合在一起，才能产生意义。

而合成词则不同，合成词里的每个语素都能表示意义，如火车、冰凉、动静、天地、年轻、月亮、看见、书桌等。并且，合成词是中文词语的大本营。合成词有这么多不同的类别，它们在语法结构上，也各有特色。举一些例子来介绍："电灯""路灯""桌灯"等词语是以前面的语素"电""路""桌"等字来限制并修饰后一个语素"灯"字，以完成该词语的意义；再者如"老师""老爸""桌子""椅子"这些词语，它们是在主要语素"师""爸""桌""椅"等字的前面或后面加上一些不影响语意的词缀而构成的，这都是合成词的构词组合方式。

另外，我们也可以看到一些社会文化里的有趣现象。如中国常见的牙科诊所，到了日本，就成了齿科诊所。你能够真正分辨牙和齿的词意区别吗？根据《说文解字》的解释，古人称口腔的后排牙齿（臼齿）为"牙"，而称口腔前排正面门牙（门齿）为"齿"。从成语"唇亡齿寒"可以看得出来，一旦唇受到伤害，前排牙齿也就岌岌可危了，可见"齿"是指前排的牙齿。所以，原本应该是后端牙与正面齿的区别，随着时代变迁，两者的意思逐渐融通，成了今日通称的"牙齿"。

口和嘴在中文里看起来意思差不多，可是仔细研究一下，又可以发现其中富有趣味的文化现象。"嘴"多用于口语，属于非正式的用法，而“口”则常用于书面，用法上比较正式。以“嘴”组成的词语，大部分与说话有关，如多嘴、插嘴、七嘴八舌、油嘴滑舌；而以“口”组成的词语，则涵盖面较广，多数与言语、谈吐的内容有关，如口号、口诀、口碑、口若悬河、出口成章、守口如瓶、赞不绝口等。这些都是在中文的字词里所反映的文化现象。

元素三：句子

句子是语言运用的基本单位，是由词、词组或分句构成的，表示一个相对完整的意思。每个句子都有一定的语气、语调，在正常的表达中，句与句之间有较大的停顿。一个句子所要表达的意思，是通过句中一个个词语的意义表现出来的。离开了词语的意义，句子就失去了表达的功能。因此，分辨词语的意义，是造句的先决条件。

我们不妨通过“飞鸟”与“鸟飞”的区别，来看看句子的意义到底是什么。“飞鸟”是词语，而“鸟飞”是句子。为什么呢？因为“飞鸟”是一个意义相对不明确、不完整的状态，它所传达的意思可能有：天空上有几只飞鸟、山谷里的飞鸟被猎人射杀了、窗外的飞鸟看起来好自由……而“鸟飞”则清楚地呈现出“鸟飞走了”的意思。

因此，句子是表意完整的基本单位。

我的那位好友，像是遥不可及的太阳，永远高高挂在天上，闪耀着无与伦比的热度，告诉着众人“不要靠近”，更多时候是宣示着“不可靠近”。

（胡云皓）

从以上例子可见，句子与字数多寡无关，与表意完整与否有关。句子以合乎逻辑、合乎语法为基本要求。刚开始你可能无法用太艺术化的句子来表意，不妨先用简单清晰的文句，来表达复杂的思想。先尝试把话说清楚，你也可以多用短句，避免不必要的文法或逻辑错误。

元素四：段落

在明白了词语、句子的定义之后，我们接下来看看句子如何组成段落。其实，段落已经是关于组织或是架构的概念了，任何一个文本势必是由好几个段落所组成。文本中分段的原则是“一段一重点”，这在感性抒情的文章中，比较好处理。可是，如果你是写知性型的文章，就必须要充分论述你的观点。当论证的过程复杂，论据又很多时，不妨将一个论点分成两三段来论述，以避免段落过长。另外，要注意主旨与核心，必须集中讨论，千万不要像说话时那样兴之所至，东拉西扯，造成散漫无章的问题。

在东方和西方的传统里，关于文章的构成都有一致的说法，那就是“开头、中间与结尾”。每件事情总有一个起头，然后是事情发展的过程，最后是结尾、结论或结果。这是所有事情普遍的形态。写作其实也是遵循这样的程序而进行的。有了题目，写作的内容与相关材料也就渐渐浮现了。此时，总要先开头，就题旨进行说明、介绍或是引导，让读者有个概念，也就是对题目本身的含义做一个整体的说明；然后，再慢慢铺陈行文。

而文章中段的部分就是“发展”。请注意“发展”这两个字，既然是发展，一定要表述过程、细节。你可以举例证来说明自己的论点；也可以当说故事的人，借由经验或故事来加强自己的观点。这是一种因果关系的思维训练。关于结构的安排或组织，是有很多具体的方法的，有一些看似老派的写作术语，如“起承转合”“总分合”……其实，这些都是有意义的。

阶梯式组合：从句子到组段

写作是对思考力的锻炼，你怎么安排意念的架构，怎么放置材料的顺序，都是一种思考的练习。

句子是如何变成段落的，让我们看以下的例子。

第一步：造句。请先以一个具体的事物来描述你最喜爱的颜色，20 字左右。

第二步：由前面所造的句子来发展成一个段落，也就是将第一步所写的内容更具体地深化及发展。

句子：

橘色是太阳挥别苍穹前遗留下的珍珠手环，企图在黑幕来临前，给大地一丝温润与和煦。

（朱恩言）

段落：

小时候怕黑，总以为没有光照的角落躲着凶恶的大怪兽，因此竟天真地相信“橘色”是太阳送给大地的光明，是赶走黑暗的秘密武器，我一直如此天真地信仰着。现在，我当然不再畏惧黑夜的来临，但那美好的神话，就这样留在心底，伴随着美丽的童年收藏在记忆的匣子里。如果，红色象征杀戮战场，橘色便是养足生命的榖场；如果，粉红是初恋甜蜜浓郁的浪漫，橘色便是老夫妻牵起百年款款的深情；如果，黄色是青春期耀眼的奔驰，橘色便是孩提时天真的垂涎；如果，白色是万物沉睡的安息，橘色便是重生的苏醒；我爱橘色，因为它是人间最美的一道温情。

（朱恩言）

前面的示范中，我们看到句子中简单说明橘色是作者喜欢的颜色；到了段落里，作者深化橘色的内涵，并且将它做了具体的比喻，使它形象鲜明。

接下来，我们看看何谓“一段一重点”。以下的段落，作者主要在表达“平凡的日子里，一切都是细碎而恼人的”这样的主旨，并通过一些细节及例证，来呈现生活里恼人与细碎的画面。

平凡的日子里，一切都是细碎而恼人的。楼上住户每天乒乒乓乓地发出穿脑声响；主管说上个月业绩不佳，要再多加油；老爸的关节炎随着季节此起彼落地放肆着；孩子的老师又打电话说联络本没有交，请家长多注意；房贷还没缴款，很想将银行的来电设定成拒接电话……日子或许就是这样，柴米油盐烹煮着喜怒哀乐，像张爱玲所说的“咬啮性的疼痛”，大彻大悟的壮阔叙事不常见，倒是许多小情小爱、小奸小恶交织出生活的全貌，给了我们许多隐隐作痛的时刻。每天，我们会因为遇到不同的人、事、物，纠结缠绵出许多变化，这些酸甜苦辣皆是日常的滋味。不过，在苦涩多于甜美的时候，总有一些闪烁的明亮在灰蒙蒙里，一眨一眨地向你颔首微笑。于是我们又能振作起来，期待仿佛有光的时刻。

以下文章，由四个小段落组成，请你尝试解读，看看它的四个段落各自的重点是什么？它们又如何组织成一个中心明确的总体呢？

我们和时间赛跑、和岁月拉锯，试图活出自我、活出灿烂、活得无悔无憾。可是，人生岂能无憾？人性是攫取与前进的，温饱了，希望富有；富有了，期待心灵充实。成名的和平凡的互相羡慕；取与舍之后，互相遗憾。

选择本身并没有对错，只是，人们通常对于另一条没有选的路，将之化成舍不下，也忘不掉的朱砂痣或明月光。

有时候，生命中必要的不一定是梦想，而是遗憾。遗憾曾经是梦想的一员，只是陨落了，但它的余烬仍带点火光，时不时要复燃。也许曾经错失良机，或者当时太过年轻……总之，当时的种种因缘，造成了遗憾。不过，正因为如此，遗憾成了推进器，成了生命前行的动力，推动你再去尝试接近或完成目标。纵使，穷尽一生，你可能还是没来得及达成，这遗憾也不会消失，而是换个形式，甚至成了其他人的梦想。

遗憾带来的悔恨及惋惜，使人辗转反侧，寤寐思服。于是，它竟有了比梦想还值得去实现的理由。

07　写作手法：种类与运用

阅读文章或文本时，即使读者不是专门的研究者，也可以从文字内容及语言风格，约略辨别出文章的属性，如科普文章、政治论述、文学历史等，而更大范围的分类则有知性与感性、文学或非文学。在英文的世界里，我们常常可见他们将文本分成“Fiction”和“Nonfiction”这两个单词，简要来说就是“虚构”和“非虚构”，可见“虚构”与否，是西方对于是否为“文学作品”的标准。英文字典里也说 Fiction 主要奠基于“想象”，而 Nonfiction 则奠基于“事实”。由此可见，文学或非文学的差别在东西方的规则里是类似的。

另外，我们常常听到知性与感性，它们的差别是什么呢？又是什么样的情形造成彼此之间的差别？简单来说，知性文字的主要用意在呈现论点，而感性文字则更多在表现情意。

下面有两段文字很好地呈现出知性与感性之别。

感性文字（感受的表达）：

天黑了；人，散了；月，忘了探头；只有雨一身蛮横，恣意地舞着。

知性文字（论点的表述）：

假如你无法将一件事物简单表述，那意味着你不够了解。

（爱因斯坦）

我们约略知悉了知性与感性的不同风格后，请想一想，这样的风格差异是如何创造出来的呢？简而言之，它们是通过不同写作手法的交织运用而酿造出来的。

我曾参与 PISA* 研究计划，有机会通过对经济合作与发展组织所倡导的 PISA 评价的英文原典进行翻译及解读，因而得以发现中西方在写作上通用的写作方法。接下来，介绍并说明四种写作手法。

---

* PISA：国际学生评估项目，是经济合作与发展组织针对 15 岁学生的阅读、数学、科学能力进行评价的研究项目。

四种写作手法：“叙事”“描写”“说明”“议论”

在传统文体分类里，你一定听过这样熟悉的说法：这是议论文、记叙文或抒情文等。以大家都读过的经典名篇——朱自清的《背影》为例，在文体分类上，有人说是抒情文，有人说是记叙文，甚至有记叙兼抒情的说法。只是，如果我们以记叙兼抒情的标准来看，那么，很多文章（文学类为多）都属于这一类了。因为，多数的作品常常是有感而发、触景生情、睹物思人、感时伤怀而来的。所以，如果文章中必然呈现的元素是某件事、某个人、某个场域、某段故事或经验，那就需要用记叙来说话，通过记叙传递情感。既然如此，这些文章当然可以说是记叙兼抒情的文体了。可是，如此一来，文体的分类就会有模糊不清的问题，因为几乎所有文章必然有记叙，也一定想要抒情。

为了提供学习写作及阅读的策略及方法，明确的、系统性的、序列化的定义和分类是必要的。我们根据文体分类的原理将写作方法分为四种，即叙事、描写、说明、议论。

其中，叙事、描写是从记叙的概念而来；说明、议论是从论说的概念而来。在写作手法分类上，西方和我们有相似的看法。

写作手法	简要属性
叙事（Narration）	时间的、动态的
描写（Description）	空间的、静态的
说明（Exposition）	客观的、显现的
议论（Argumentation）	主观的、说服的

先将四种写作手法整理为上方的表格。很多读者应该有一点疑惑，为什么这里没有列出一类叫抒情文？大家可以先思考一下，如果提到记叙文，每个人大脑中大概都有个模糊但相似的认识：记叙大概需要写出人物、事物、事件、地点、时间、过程等一类的内容；如果是论说则要提出自己的论点，或是写下论据等；唯独提到抒情时，我们会觉得这部作品抒发了或喜或悲的情感，但是，我们却没有办法说明有什么具体的做法是用来达成抒情的必要策略。如果说要借着写自己的挫败经验来表现抒情的感伤，那么写挫败的经验这样的具体做法应该属于记叙了。

任何写作，它最终的目的都是要表情达意，或者说都是要表达情感，及情志。情感或许柔软一些，情志或许明白理性一点，不过，这都属于个人情意之所发。因此，抒情不该是一种写作手法，而是一种写作目的。接下来，本书将分别定义及解释这四种写作手法的内容及特色。

叙事

叙事，主要强调的是在线性的时间中，人物、事物的发展及变化过程。叙事以呈现事物的动作、变化为主，它是时间的、动态的。

以下的句子是叙事手法的示范。

❶ 壬戌之秋，七月既望，苏子与客泛舟游于赤壁之下。

（苏轼《赤壁赋》）

这是属于交代人、事、时、地、物等信息的叙事技巧。

❷ 晋太原中，武陵人捕鱼为业。缘溪行，忘路之远近。

（陶渊明《桃花源记》）

这是以交代人物、事件发展的进程、动作及变化为主的叙事手法。

描写

描写，是描述一个人、一个地方或者一件事。描写以呈现事物的状态、性质及效用为主，它是空间的、静态的。简单来说，描写是五感（视觉、听觉、触觉、嗅觉、味觉）所觉知的世界，包含眼睛看到的事物，耳朵听到的声音，身体感觉接触到的东西，触摸时感受到的温度、质感等，鼻子闻到的各种气味，嘴巴尝到的酸甜苦辣咸等滋味。这些身体的不同器官所能感受到的，只要你能够说出来或写出来，就属于描写。

我们来看一段运用描写手法的文字。

景色不断地流泄于眼前，却没有快速变换时所带来的晕眩感。这里的景色可以说是单调的：阴郁优雅的蓝灰色海岸、厚重云层交叠的灰色天空，再者就是路旁矗然耸立的土灰岩壁，加上几点顽强的海藻、绿树丛点缀其间。这样大区域的纯粹色块，让往来于公路的旅客，打从心底赞叹自然的雄伟壮丽。

木棉花大得骇人，是一种耀眼的橘红色，开的时候连一片叶子的衬托都不要，像一碗红曲酒，斟在粗陶碗里，火烈烈地，有一种不讲理的架势，却很美。

树枝也许是干得狠了，根根都麻绉着，像一只曲张的手——肱是干的，臂是干的，连手肘、手腕、手指头和手指甲都是干的——向天空讨求着什么，撕抓些什么。而干到极点时，树枝爆开了，木棉花几乎就像是从干裂的伤口里吐出来的火焰。

（张晓风《木棉花》）

接着，我们来看看叙事和描写的不同之处，以金庸的小说《倚天屠龙记》为例，两段同样描述张翠山和殷素素的相遇过程，分别呈现了叙事及描写的写作手法。

❶ 有一天，张翠山和殷素素偶遇，试探武艺之时，被满满的人群打断了。（叙事）

❷ 张翠山初遇殷素素，有心试探对方武艺（叙事），于是一指点出，霎时风云变色，天地无光，天摇地晃，树叶都抖落在地了。（描写）

通过这样的比较，你应该可以稍微了解，以前我们一直听到的记叙文，如果分成叙事与描写两个层面来分析，则会比较清楚。

在写句子的时候，分成叙事或是描写比较容易，但是，一段较长的文字或是一篇文章中，常常是叙事与描写两者彼此交错运用，合力构成丰富的内容。我们看一下，糅合描写和叙事的文字。

那是一片极为刺眼的白，阳光借着满地白雪的反射，硬生生地闯进眼里。原先因着玩性，我在大雪里奔跑、嬉戏，而后惊觉，那干冷几近没有湿度的空气，在暴露的手、脸颊、嘴唇上扒开一道道裂痕，痛感随着阵阵的风愈显强烈。肃杀的北风硬是灌进鼻腔，冻结了气管、肺泡，乃至冻结本属于亚热带的血液。于是，我真正明白，北国的冬天是多么不友善。

我们可以对上述文字内部的组成细节加以拆解。此时不难发现，在这个以描写为主的段落中，仍可见到属于叙事成分的句子，如“于是，我真正明白，北国的冬天是多么的不友善”“那是一片极为刺眼的白”，但是就整个段落而言，它仍是以描写为主要写作形式，描写作者在雪地里对于寒冷的感受。

这段文字其实也呼应了我们之前曾经提过的——任何一篇文章要断然区别成记叙文、抒情文、议论文、说明文，其实是困难的，也是不符合逻辑的。因为任何一个文本要完整、充分，它势必要融合各种手法，所以，通过叙事、描写、说明、议论四种写作手法来阅读理解及学习写作，会更为适切。

说明

说明，是用来揭露并传递信息供大众知晓的，比如解说事物、阐明事理、表达意念等，它通常具有知识性、客观性、说明性的倾向。因此，若以写作手法来看，说明手法通常能够呈现关于“如何”（How）这一类问题的答案。

简而言之，针对事理的来龙去脉或事物的特征、形状、结构等进行阐述，借此达到传播知识或信息的目的，即是“说明手法”。这类文本在实际生活中的应用常见于学术性的小论文、各类趋势图表、使用说明、导引手册等。

怎样操作一个机器？如何进行一个实验？如何服用心脏病的药物？这些都是使用说明的文字来完成的。台风季即将来临，电视台气象栏目邀请专家解释台风，专家如何对大众说明何谓台风？为什么国外称飓风？专家在说明时，必须客观呈现事实，台风的生成及发展有它既定的原理，你不可以妄自添油加醋，也不能加上许多主观的感受及形容，因为，这有可能会误导大众理解台风。日常生活中，说明是极重要的一种逻辑及理性思考的能力，尤其是在非文学语言的世界里，如科学、数学、医学、经济理论……它们讲究事实、证据，一点点误差就可能谬以千里，所以务求客观。因此，具备解析与阐释的说明能力，是十分重要的。

我们来看一段使用说明手法的文字，这段文字阐释了何谓“物理变化”与“化学变化”。

物理变化：物质发生变化时，只有“状态”发生改变，其“本质”仍不变。如铅笔写字、粉笔折断、衣服水洗后褪色……

化学变化：物质发生变化时，产生与原来物质不同的新物质。如光合作用、生米煮成熟饭、牛奶变酸……

议论

议论，是四种写作手法中最能突出作者本身观点理念的一种表达方式。顾名思义，议论是对某一主题加以评议及讨论，具有个人主观性，带有“说服意味”， 主要通过观点的提出以获得读者的认同。一般来说，我们可以通过三个部分来观察一篇作品的议论是否成功，分别是论点（主要观点）、论据（支持论点的例证）、论证（将论点和论据联结完整的论述过程）。议论手法在写作时的用语多具有明晰、确切、清楚的特质，较少用到情绪性的词语、口语化的字眼、无关紧要的连缀及冗赘用语。

而议论的论点来源，主要有四种：

❶ 作者对某一话题（Topic）提出新看法并加以阐释，以说服持旧有看法的人。

❷ 对于某一待解决问题（Problem）提出见解，多属于建议性质，论述较为平和。

❸ 对于疑难问题（Question）的发现，这部分以科学领域的研究较多。

❹ 对于一个具争议、矛盾的问题（Issue），选择立场、表态立场或捍卫立场。

（以上四类转载自叶黎明撰写的《写作教学内容新论》）

下面这段话是叶黎明对于“铁比木材重”这个议题所提出的见解。

我们常说：“铁比木材重。”这句话是正确的吗？就科学上的定义而言，这句话是不完整的。因为，我们很容易找到一块比铁重的木材，例如：木制桌子比铁制回形针还重。所以，这句话如果改成“相同体积的铁比木材重”，就没有错了。

事实上，议论就是表达自己对于人、事、物的看法，例如：同意或不同意这个观点？是否赞成这个政策？我们平时在媒体上看到名人提出自己的各种见解，这就是议论。之后，他们若为自己的观点进行辩护，便是辩论。

我们再看一段议论文字，这段文字议论了手机的便利性，也提出了人类成了“手机奴”的奇怪现象。

移动电话（手机）的革命性在于它不强调通讯方式的跃进，而强化个人的自由感、独立性，让人与人的对话不再只限于点对点的联结，而可以是空间中的任意变换。自此，人们扯去了有线电话的束缚，开始移动。但矛盾的是，手机的存在虽然带来了更高的自主力，却同时带来了权力控制被强化的风险。

其实，议论是经常会被运用到的能力，小到柴米油盐的微小琐事，大至家国社会的宏观视野，针对任何议题提出自己的看法及意见都是一种议论。我们来看一篇对于鲁迅、张爱玲、黄春明三位小说家作品的评论，分析一下它是如何通过议论来完成的。

张爱玲小说的结尾，常常予人一种平常世态中，依旧生息俯仰的况味，没有激情，也没有热烈，就像河水兀自流动着，浅浅淡淡、轻轻悄悄。就像张爱玲自己所说的，她的小说是一种参差的对照，而非强烈的对照。

鲁迅小说则是揭露人性，从而使人面对人性。其中的人性往往是幽微、阒黑、猥琐的，是一个人最真实却不敢面对的劣根性。鲁迅揭伤疤、曝伤口，但是他不自舔自愈。于是，他的小说结尾是乌云的、不透光的，是惊吓后直直飞去的乌鸦，留下哑哑声响。鲁迅不讨好脆弱的人性，他要读者自己面对懦弱的人性。所以鲁迅小说的最后姿势从不华丽，而是“踉跄”！

黄春明的小说为小人物发声，小人物的生命常常不是握在自己的手里，而是兜在时局的作弄里的。“幸福快乐的日子”从来不是小人物的最后归路，小人物的生命注定是坑坑巴巴、跌跌撞撞的，“破碎”往往是庶民生活的唯一语言。黄春明在他小说的最后姿态都是“含着泪咬着牙，然后，牵牵嘴角笑了一声”。是笑中带泪，还是泪中有笑？已经难以分辨！因为，灰色与模糊向来是人生中最常见的色块。

看完以上四种写作手法的介绍与说明之后，你是否理解了呢？一般来讲，这四种手法从学习时间上来看有早晚之分，叙事和描写（记叙）可以从说自己的和他人的经验或故事开始，属于基础的能力，从观察起步，讲所见、所闻、所听、所感……说明与议论则需要在有一定知识量的累积后，再来发展。因为，它们需要通过理解、分析、推论等逻辑思辨的过程，才能针对一个概念或问题，深入核心。所以，这四种写作手法的学习跟年纪与认知发展过程有关联。

英文写作手法的借鉴

明白了中文的写作手法之后，接着来看看英文的表述手法，借由两者的对比分析，我们可以更清楚中文写作的特质。因为语境及文化差异的关系，中文表述习惯以人称代词（如你、我、他）作为句子开头；英文当然也会以人称代词开头，但是，更多时候，英文句子会以核心事件或主要问题作为开头，请看后文给出的例子。

以疑问词作为开头的英文句子：

What time is it? （问时间）

When will your father be back?（问时间）

Where do your family have a trip on the weekend?（问地点）

How are you doing?（问如何）

Which color do you like most?（问哪一个）

What did you learn in your classes today?（问什么）

以事件作为开头的英文句子：

School bullying is a serious problem in high schools.（以事件“校园霸凌”开头）

The Chinese Dragon Boat Festival is a significant holiday celebrated in China, and the one with the longest history.（以端午节开头）

The victory will belong to you.（以事件胜利开头）

我们在例子中可以发现：在陈述句、疑问句、否定句等不同的句型里，英文语法及用词（试看开头的第一个单词）使用明确，我们可以清楚地辨析核心问题，如此可以方便交流的双方答出所问，完整沟通。

而在中文的语法及习惯用法中，不管是疑问句，还是陈述句、否定句等，我们都习惯以人称代词（如你、我、他）来开头。这样的语法，对于读者或是交流的双方而言，有时候容易导致失焦。因为人们沟通或阅读时，大脑会有自动删选及组合理解的套路模式，所以很多人听、看前段，对后段的部分则容易疏忽。此外，中文里的疑问词常常被放置在句末（如后文例句），因此，因没有读到句末而导致答非所问的情形在中文语境中很常见。不过，答非所问的情形，也牵涉中文用语的礼貌习惯，因为不好意思拒绝，所以讲话或写作的遣词用字就很婉转，这也容易造成沟通的困扰。

常见的中文句子：

你最喜欢什么颜色？（what）

现在几点钟？（when）

你的父亲何时会回来？（when）

你们家这周末打算去哪里旅行？（where）

你最近好吗？（how）

弟弟为什么还没有回家？（why）

我会帮你带晚餐回家。（陈述句）

你今天在课堂上学到什么？（what）

我不要再吃泡面了。（否定句）

表达或沟通时，人们最容易记得的通常是自己开头所讲的话，如果句子太长或文字写得太多，都很容易产生越到句尾，越显得不知所云的情况，甚至忘记自己要表达的主旨。所以，初学写作的人可以从简单下手，学会以简驭繁。

由于中文里的陈述句或疑问句都是惯用人称代词为开头，所以比较容易含混模糊，因此建议大家在使用说明和议论两种写作手法时，应当学着以事件、事物为核心和主题来表述。如例句“School bullying is a serious problem in high schools”直接以“霸凌”一词为主语，这样的开头方式会让沟通双方容易聚焦，直捣核心，不至于离题。

如何融合多种写作手法

我将四种写作手法的相关内涵及定义，整理成表格，以便于理解。

写作手法	思维取向	6W 思考法
叙事与描写（合称记叙）	❶形象思维（指外在形象具体可见的，如人、事、时、地、物等） ❷主观的感知	Who/When/Where 构成了更多 What 的素材，也就是通过具体的人、事、时、地、物等来形成写作材料。

续表

写作手法	思维取向	6W思考法
说明与议论（合称论说）	❶ 逻辑思维（将抽象逻辑思维通过论点、论据、论证来具体化） ❷ 客观的信息	What/Why/How所处理的是关于什么样、为什么、如何做等议题。

下面是一篇融合多种写作手法的文章，丰子恺面对他那成形又不成形的早产儿，将他内心的哀痛，通过不同写作手法的交织传递给读者，令人动容。

往年我妻曾经遭逢小产的苦难。在半夜里，六寸长的小孩辞了母体而默默地出世了。（叙事）医生把他裹在纱布里，托出来给我看，说着："很端正的一个男孩！指爪都已完全了，可惜来得早了一点！"我正在惊奇地从医生手里窥看的时候，这块肉忽然动起来，胸部一跳，四肢同时一撑，宛如垂死的青蛙的挣扎。（描写）我与医生大家吃惊，屏息守视了良久，这块肉不再跳动，后来渐渐发冷了。（叙事）

唉！这不是一块肉，这是一个生灵，一个人。他是我的一个儿子，（叙事）我要给他取名字：因为在前有阿宝、阿先、阿瞻、又他母亲为他而受难，故名曰"阿难"。（叙事）阿难的尸体给医生

拿去装在防腐剂的玻璃瓶中；阿难的一跳印在我的心头。（叙事）

阿难！一跳是你的一生！你的一生何其草草？你的寿命何其短促？我与你的父子的情缘何其浅薄呢？（议论）

（丰子恺《阿难》）

08　标点符号：让文字产生情态

如果有机会，在路上遇见前任男友（女友），你预备以什么样的姿态现身？说话？不说话？微笑？怒视？转头离去？视而不见？有时候，无声胜有声，看似无语却是多情。如果选择不说话，我们还能够怎样表情达意？眼神？肢体动作？脸部表情？这些的确都可代替口语及文字表达。

在文本中，除了文字之外，还有什么元素也能发挥表情达意的作用呢？

是的，正是标点符号。许多人对于标点符号很陌生，可是，你知道吗？中文的标点符号有十几种，既然符号的种类有这么多，它一定有其意义及用处。目前已见的中文标点符号是受西方影响而来的，在文言文的发展历程中，虽然也有一些符号的产生与应用，但都没有成为一种体系。因此，你可以看到古人摇头晃脑的吟诵中并没有标点符号。古代学生要在老师的指导下，学习标明句子的休止和停顿，我们称为“句读”（jù dòu）之学。

有人说，在标点符号里最常用的是逗号及句号，此言不假。我们常常听到一逗到底的说法，它的意思是说，写文章时不会妥善使用句号或是其他标点符号，只会一路使用逗号到文章结束，最后再加个句号，就完结了。此话虽是戏言，倒也一语中的，道出了许多人对于标点符号的不重视。

我们先看看鲁迅的小说《药》里的一段话。

“喂！一手交钱，一手交货！”一个浑身黑色的人，站在老栓面前，眼光正像两把刀，刺得老栓缩小了一半。那人一只大手，向他摊着；一只手却撮着一个鲜红的馒头，那红的还是一点一点地往下滴。

老栓慌忙摸出洋钱，抖抖地想交给他，却又不敢去接他的东西。那人便焦急起来，嚷道：“怕什么？怎的不拿！”老栓还踌躇着；黑的人便抢过灯笼，一把扯下纸罩，裹了馒头，塞与老栓；一手抓过洋钱，捏一捏，转身去了。嘴里哼着说：“这老东西……”

《药》是一篇读来沉重的小说，借由革命人夏瑜的慷慨就义和华老栓买人血馒头治疗儿子痨病的故事，来讽刺旧社会迂腐的体制与愚昧昏聩的群众。姑且不论小说中的其他情节，单就前面这段文字的叙述而言，我们看到华老栓准备妥了钱，不惜把所有的积蓄拿去和贩子交易，购买蘸了人血的馒头，以治疗儿子的痨病。从文字中，我们看到些许无知、无奈却深刻的父爱。

段落中，除了借由许多提手旁的字，来呈现在模糊的光线下，华老栓和贩子交易时的紧张感之外，我们还看到鲁迅不吝啬地使用了许多标点符号，形成了节奏起伏的短句，在语速上，呈现一种跳跃的、快速的、急迫的压力，让读者也随着情节而紧张了起来。这就是一场文字和标点符号共舞的精彩演出。

文字是用来记录人类的思想感情的，不过，文字有时不能完全表达出心意、情感或想法，因此标点符号就出现了。我们现在使用的标点符号，是新文化运动时，经由学者专家，参酌中西方语言文字的应用特色而逐渐发展出规模的，后来更成为文章中不可缺少的一部分。标点符号的使用，对白话文的推广起了很大的作用。

标点符号的使用，可以表达语气，例如上文中“怕什么？怎的不拿！”一句里，叹号和问号一起使用，造成情绪的跌宕，它就不是直线形的单纯叙述了。另外，它也可以加强文句的表情作用，避免造成语意混淆，例如“那人一只大手，向他摊着；一只手却撮着一个鲜红的馒头”一句中用分号隔开前后两个子句，将左右两手的忙碌动作活灵活现地表现了出来。

标点符号对于阅读的理解，有许多帮助，它对写作表意的通达性也有决定性的影响。其实，标点符号很像是马路上处处可见的各种交通标志，它借由大众普遍认知的符号，指示行人和车辆前行或后退，左转或右转……

于是，阅读文本时，读者也借助作者所使用的各式标点符号来预测或者推论文本的意义及内容，从而更深层地进入文本中的言外之意及审美艺术层次。

你认识多少种标点符号

目前常用的中文的标点符号共有十五种*，它们各有在不同句式及语境状态下的使用规范。标点符号是用来标明词句的关系、性质以及种类的，它可以协助读者明确了解文句的意义，进而在文本的理解上更为细致完整。例如：从叹号知道情感的起伏，从问号明了疑问之所在，而句号则是用于一个语意完整的句末（所谓语意完整的句子，是指信息表述清楚而完整的句式）。

我们知道一个句子统领若干文字，才能发生作用；一个段落代表一个完整的意念，而段落之间又必须结合才能构成篇章。所谓的字、词、句、段、章的分野范畴，也是在文字与标点符号共同组合之下，才得以让读者明确地知晓与判断。

---

* 2012年6月1日开始实施的新版国家标准《标点符号用法》中共有17种标点符号，本书共收纳15种。另外两种标点符号为：着重点（.）和斜线号（/）。

符号名称	符号样式	简要说明
句号	。	句号代表一句话终了以后的停顿，表示以上所言是一个完整的句子。
逗号	，	逗号用于隔开复句中的各分句，或标示句子内部一般性的停顿。
顿号	、	顿号用于并列连用的词、短语之间，或表示次序的文字之后。 我的兴趣有：游泳、瑜伽、跳舞
分号	；	用于分开复句中并列关系的句子。 鲸鱼是兽类，不是鱼类；蝙蝠是兽类，不是鸟类。
冒号	：	表示提示下文，或总结上文的停顿。 哺乳动物有：虎、豹、熊、狮、鲸鱼等。
引号	单引号 ‘ ’ 双引号 “ ”	一、 标示行文中直接引用的内容或需要特别指称强调的成分； 二、 引号分单引号及双引号，通常先用双引号，如果有需要，双引号内再用单引号，依此类推； 三、一般引文的句尾符号标在引号之内； 四、 引文用作全句结构中的一部分，其后引号之前，通常不加标点符号。
括号	圆括号（ ） 方括号 [ ] 六角括号〔 〕 方头括号【 】	标示行文中注释性的文字，标示补充说明及具有特定意义的词语。 我校拥有特级教师（含已退休的）17人。 [英]赫胥黎 〔唐〕杜甫 【新华社南京消息】

续表

符号名称	符号样式	简要说明
问号	?	用于表示句子的疑问语气。 我这样爱你错了吗?
叹号	!	用于表示句子的感叹语气。 咦！你到了?
破折号	——	标示行文中解释说明的语句，或语意的转换、跃进，或标示语音的中断、延长等。 当“爱之激素”在体内分泌时，这个人——无论男女，就会母性大发，变得温柔慈悲，爱心十足。
省略号	……	用于标示节略原文、语句未完、意思未尽，或表示语句断断续续等。 爸爸嘴里哼着说：“这小孩……”
书名号	《》〈〉	用于标示书名、篇名、歌曲名、影视剧名、文件名、字画名等。 《史记》《桃花源记》
专名号	——	用于标示人名、族名、国名、地名、机构名等。 《史记》作者是司马迁。
间隔号	·	用于标示某些相关联成分之间的分界。 《史记·刺客列传》、约翰·史密斯
连接号	— - ~	用于标示某些相关联成分之间的连接。 高铁通车以后，从台湾地区北部到南部（台北—左营）用不了两个小时。 那条黄鱼约重 1.2~1.6 公斤。

句号

句号，适用于一个语意完整的句子末尾。有学者说使用标点符号时，首先要能使用句号。因为句子是文章中表意完整的基本单位，如果每个句子都可以明确地区分出来，那么整段或整篇的意义便能够清晰并且有脉络地联系起来。至于何谓表意完整，怎么样算是完整，我们可以从结构和意义两方面去考虑。举简单的一个例子：“飞鸟”和“鸟飞”，后者就是一个表意完整的句子。

虽然这两者的字数一样多，可是在结构上，飞鸟和鸟飞并不相同，“飞鸟”是形容词“飞”加上名词“鸟”；鸟飞则是名词“鸟”加上动词“飞”。

在意义上，“飞鸟”的表意并不明确，文章中如果只出现“飞鸟”两字，我们不明白它所要表达的真正意思是什么。而“鸟飞”则明确地告诉读者，鸟飞走了，它没有什么歧义。所以，“鸟飞”就是完整的句子，它的结尾处是可以加句号的。所以，写作的人如何使用句号，代表了他的逻辑及思路是否清晰。一个人会妥善使用句号，某种程度上意味着他在处理信息或事件上思维脉络是比较清晰的。简单来说，一件事情说完了，就可以加句号；换主语时，也可以加句号。写作初期，你不妨多参考名家们在句号使用上的思路，渐渐地，你就可以找到规律了。

逗号

逗号，用于较长的句子中有语气停顿之处，或是复句里需要区隔的不同分句之间，甚至是一些并列的短语之间。事实上，逗号是所有标点符号中使用最频繁，也最难明确定义，最难分辨清楚的一种。于是，因为逗号位置错误，而让语意改变的情形就很常见了。逗号和句号可以说是影响文章脉络及意义最重要的两个标点符号。

顿号

顿号，表示句子内部并列词及并列短语之间的短暂停顿。并列词是指词性相同的并列词语，例如“我的兴趣是：瑜伽、舞蹈、游泳”这句话当中，“瑜伽、舞蹈、游泳”三者就属于并列词，它们通过顿号相区隔。并列词通常是由两个或两个以上的词，按一定的语法规则组成，通过并列的方式表达出一定的意义。

分号

分号，是用于分开复句中并列的分句，这些句子通常意义相同或近似，彼此关系密切。分号是介于逗号与句号之间的符号，由于有些复句意思较复杂，若用句号可能会把完整的意思分割，而使用逗号又不能凸显各分句之间相对独立的意思，此时，分号便派上用场了。在标点符号系统里，分号是标明意义最为明确的符号之一，多数人一看到分号，便容易了解文句组织结构及文句意义内涵。分号的使用有以下几种情况：

一、两个分句在意思上是紧紧相连的。

娶了红玫瑰，久而久之，红的变了墙上的一抹蚊子血，白的还是“床前明月光”；娶了白玫瑰，白的便是衣服上的一粒饭粘子，红的却是心口上的一颗朱砂痣。

二、在复句中，当下句含有转折的意思时，用分号来隔开。通常，下句中会含有“却、否则、但是、然后、可是”等词。

每位同学都喜欢玩球；小明却只想在教室看书。

三、复句中，有并列或对比的句子时，也可以运用分号隔开，使整个复句的意思更完整。

这是最好的时代，也是最坏的时代；这是光明的时代，也是黑暗的时代。

冒号

冒号，表示文段中提示下文或总结上文的停顿。

一、用在“说、想、问、决定、知道、指出”等提示性词词之后。

子曰：“学而不思则罔，思而不学则殆。”

二、用在介绍及举例时。

这次跨年晚会，参与的嘉宾有：蔡依林、林志玲……

问号

问号，用于表示疑问的句子末尾。这里疑问包括设问、反问（反诘）、提问等。疑问句均以问号作结。例如：“人生到处知何似？应似飞鸿踏雪泥。”“你不觉得现在很热吗？”

叹号

叹号，主要是用来表达感叹、命令、祈求、劝勉等，是用于带有情感意味的句子之后的标点符号，例如“太棒了！”“好美的风景啊！”。叹号的使用可以分为两种情况，第一种是用在加强语气的语助词（啰、吧、嘛、啊、了、呀、啦……）之后；第二种是用于表达情绪的感叹词（哦、哇、唉、咦、哼……）之后。许多朋友喜欢使用叹号来代表心情，这里要提醒大家的是，叹号的符号是“！”，偶尔在社交媒体上看到有人用“！！”“！！！”来代表很惊讶，这样的用法一定要慎重。

破折号

首先说明一下，破折号在书写时占两个字符的位置。它主要用于意义的转变、声音的延续，或标示文章中补充、解释及说明的语句。我们可以这样来看，“破”表示语言文字先行中断，然后，“折”则表示将意思转到另一层面。

带一卷书，走十里路，选一块清静地，看天听鸟读书，倦了时，和身在草绵绵处寻梦去——你能想象更怡情更适性的消遣吗?（解释或说明得更深刻）

（徐志摩《我所知道的康桥》）

有一种深沉的无奈，比之“无可奈何花落去”更悲伤。花落，还能有花开的时候；花落，还能化身“春泥”。可是，当你的人生是“还能怎么样”时，那种无奈，是叫天叫地，最后自己——吞咽下去。（语意的转变）

“呜——”火车开动了。（声音的延长）

省略号

省略号，在书写时也是占两个字符的位置，它的符号是“……”。省略号主要用于省略原文、语句未完、意思未尽或表示语句断断续续等情形。讲得简单一点，就是引用他人的文章太长时，可以用“……”；在说话或是写作欲语还休的情形下，可以用“……”；当然，在说话或写作有讲不清、断断续续的时候，也可以用“……”。所以，在文章中，读到省略号时，往往有许多想象的空间。

另外，省略号和“等等”两字的意思与分量相同，也就是说，如果你使用了省略号，就不要在后面再加上“等等”两个字；如果你用了“等等”两个字，就不需要再使用“……”这个符号。

引号

引号，用在引用他人话语，或者有特别要指称或强调的词语上。引号分单引号及双引号，通常先用双引号，如果有需要，双引号内再用单引号。一般引文的时候，句尾的符号要标在引号之内；不过，如果你的引文是全句结构中的一部分，那么，在后引号之前，通常不加标点符号。

有句格言说：“学如逆水行舟，不进则退；心如平原走马，易放难收。”

孔子之道，其实是“忠恕”之道，也就是“尽己之心，推己及人”的意思。

专名号

专名号，一般标示古籍和某些文史类著作中出现的特定类专有名词，例如：孙文，号逸仙，旅日时化名中山樵，世称中山先生。

间隔号

间隔号，最常见的是外国人姓名里的分隔，像海伦·凯勒、迈克尔·乔丹。不过，除了原有间隔号的功能外，还有间隔书名与篇目的作用。例如：《论语·述而》。

连接号

连接号，用来表示连接相关的时间、方位、数字、量值以构成一个意义单位，中间用连接号表示起止（开始和终结）。分为一字线、短横线和波浪线三种。例如：苏轼（1037 年 1 月 8 日—1101 年 8 月 24 日）；2020-05-01；25~30g。

括号

括号，有四种形式，圆括号（）、方括号 [ ]、六角括号〔〕、方头括号【】。它们主要用于行文中有需要注释或补充说明的时候，例如：我们无时无刻的需要都有无数量的劳者（无论是

劳心或劳力）辛辛苦苦地来供给，而我们坐享其福。（何仲英《享福与吃苦》）

书名号

书名号，是经常使用到的标点符号，有两种样式，可以参考范例表中的内容，它们用于标示书名、篇名、歌曲名、影视剧名、字画名等。例如：

> 《天龙八部》是小说家金庸的作品。
> 《清明上河图》现收藏在北京故宫博物院。
> 《桃花源记》所勾勒的美好世界，时至今日，仍然让人憧憬。

标点符号，是写作时用来表示间歇、停顿、转折等思路、语气语调的符号，它是书面语言的重要组成部分。目前，也有学者专家把现行的标点符号分成以下三类：

文句尚未结束的标点符号：逗号、顿号、分号、冒号、间隔号、连接号、省略号、破折号、专名号。

前后包含的标点符号：引号、括号、书名号。

文句意义终止的标点符号：句号、问号、叹号。

写作的关键在于驾驭好句号

写作时，用起来看似最容易，其实最难把握的标点符号是句号。句号用得好，说明写作者的逻辑思路及组织结构的概念比较强。因为，知道该断当断、该删则删、该止则止并不是一件容易的事。简单来说，驾驭好自己的思路，让它清楚地通过文字显现，并不简单！所以，学习好标点符号，对于写作能力的养成绝对可以发挥效用。我们以张爱玲的小说《红玫瑰与白玫瑰》为例，来说明句号的标注是如何影响文意的脉络与发展的。

振保的生命里有两个女人，他说一个是他的白玫瑰，一个是他的红玫瑰。一个是圣洁的妻，一个是热烈的情妇——普通人向来是这样把节烈两个字分开来讲的。也许每一个男子全都有过这样的两个女人，至少两个。娶了红玫瑰，久而久之，红的变了墙上的一抹蚊子血，白的还是“床前明月光”；娶了白玫瑰，白的便是衣服上的一粒饭粘子，红的却是心口上的一颗朱砂痣。

在上段文字中，作者使用了四个句号，意谓这段文字有四个表意完整的句子，并且是由这四个语意概念共同串接成一个段落。

我们试着用表格来读一读这段文字，看看作者是如何使用句号来表意的。

	小说文字	意义讲解
第一个句子	振保的生命里有两个女人，他说一个是他的白玫瑰，一个是他的红玫瑰。	说明并诠释了男主角佟振保生命里，有两个不同类型的女子
第二个句子	一个是圣洁的妻，一个是热烈的情妇——普通人向来是这样把节烈两个字分开来讲的。	此处接续前一层次，更进一步说明“白玫瑰”与“红玫瑰”的差异，它们分别代表妻子与情妇。 这一个句子可以说是深化并加强了前一个句号的叙事。
第三个句子	也许每一个男子全都有过这样的两个女人，至少两个。	第三层次，从个别的、单一的男主角振保身上，延伸至每个男人，可能他们生命中或明或暗、或多或少都有这样两种类型的女人。从单一个体泛论到总体。
第四个句子	娶了红玫瑰，久而久之，红的变了墙上的一抹蚊子血，白的还是“床前明月光”；娶了白玫瑰，白的便是衣服上的一粒饭粘子，红的却是心口上的一颗朱砂痣。	第四个句子，可以说是这一段落的重头戏。此处，分开论述男人们在无法同时脚踏两条船(无法同时拥有白玫瑰与红玫瑰)的状态之下，一旦娶了其中之一个，另外一个未娶者，便成了他们想而不得的期待。在此，作者主要想说的是人性对于“得到”与“不得”永远存在矛盾的心理。

通过表格中这四个句号的层次关系，我们看到，它们各自有要传达的意思，当四个句子串接在一起的时候，总体呈现出张爱玲想说的不只有“爱情”，更多的是“人性”。人性的矛盾、挣扎与冲突，时不时地在生活中显现，人性永远在得到与得不到之间犹疑。整个段落通过四个句子的前后脉络相承、层层递进来突出意义。在这个段落中，我们还看到，原来句号的使用跟字数的多寡没有必然关联性，第三个句号内有 22 个字，第四个句号内有 64 个字，可见“表达意义完成”与“表达意义完整”是使用句号的关键，而非以字数来决定何时该使用句号。

09　涂脂抹粉：文字的趣味性与修辞

有时候，你会觉得某篇文章的文字很美，很动人；又或者，某段文字走进你的心，引起了共鸣。这样的作品，有没有什么固定的格式或套路呢？其实，文章美不美、好不好，是主观的价值判断与审美观点所造成的。它跟“情人眼里出西施”的道理类似，不过，即便如此，还是有一定普世认同的基础在其中。

我们来看以下两段文字。

成熟是一种明亮而不刺眼的光辉，一种圆润而不逆耳的音响，一种不再需要对别人察言观色的从容，一种终于停止向周围申诉求告的大气，一种不理会哄闹的微笑，一种洗刷了偏激的淡漠，一种无须声张的厚实，一种并不陡峭的高度。

（节选自余秋雨《人间风景》）

我喜欢旅行。或者说，需要旅行。经常便会有坐立不安的情绪，觉得应该走了。不管是到哪里去，总之拔脚离开这里。而我很清楚问题只在“这里”和“那里”，是欲挣脱时空的企图，是打破现实的渴望。而所谓现实，是物质和心灵无法超越的局限，仿佛天罗地网。这里我谈的不是时光旅行或永恒，而是一点叛逆的自由：做自己真正想做的事。

（节选自张让《旅人的眼睛》）

这两种文字的风格不太相同，余秋雨的文字沉稳洗练，素朴有味；张让的文字有着口语的亲切，娓娓道来。这两种行文风格各有其迷人之处，没有高低优劣之分，纯粹是审美情趣的差异。

所以，如果你在写作时希望能让文字美一点，不妨从以下几个方面入手。

“想一个人”：语言文字的趣味

文学语言的一大特色是不直白，具有模糊性、未定性、多义性。看起来，这似乎是文学语言的短处，其实，它也是文学语言的长处。这样的特性带来了无限的想象空间，读者可以凭借自己的生活经验和阅读经验来填补其中的空白，也增添了读者、作者与文本对话的可能性。例如“想一个人”这句话，是指“想念一个人”，还是“想要一个人独处”？两种意思都有可能，这是中文的多义性所造成的歧义趣味。另外，文学语言和日常语言的差异又是什么？我们来看以下几个短句，它们同样表达天空中星星很多，你觉得哪一个是文学语言，哪一个又是日常语言呢？

今天晚上很多星星。

今晚星星堆满天。

今晚满天繁星熠熠。

今晚整个天幕，星罗棋布。

今晚的夜空，星辰抢了月亮的光。

“今天晚上很多星星”属于日常的口语；而“星星堆满天”“满天繁星熠熠”“整个天幕星罗棋布”则倾向于书面语言。一般而言，书面语言的文学性较强。写作靠视觉传达沟通，视觉需要审美，这也是修辞大量运用在写作上的主因。

我们再看看以下几个有歧义的句子（一个句子或词语有两种以上意思）。“我要炒肉丝”一句是指“我要去炒肉丝（做菜）”，还是“我要吃炒肉丝（吃东西）”呢？“有关系没关系，没关系有关系”是一句很常见的顺口溜，它的意思是如果你的各方面人际关系都打理得妥妥当当，那么遇到什么事都会找到解决方式，没有关系；如果你不懂得人际关系的经营，没有任何人脉网络，一旦遇到事情，没有依靠，就会大有关系了。这也是一种“回文”修辞的趣味。

中文的歧义固然有它的趣味性，可是在表达意义时，如果你希望双方沟通明确，不要发生误解的情形，这些歧义该如何解决呢？首先可以利用语境来消除歧义，对于有歧义的部分，多增设一些上下文的叙述脉络，创造一个更为具体的语言环境，让它的意义更清晰。再者，可以通过增加或改变标点符号的方式来消除歧义。

例如：“有关系没关系，没关系有关系”可以改成“有关系，就没关系；没关系，就有关系”（增加逗号，也增加文字）。训练自己从简单而有趣味的表达开始，广告金句或流行歌词都是这样诞生的。

“反常合道”：让文字“跳”出来

通常，要让文字跳脱一般的口语，能够呈现文学性、艺术性，重要的原则是精炼、跳跃、超脱。简而言之，即是“反常”（违反常态）。但是这个“反常”又要能合乎道理（即“反常合道”），让人看了之后，会心一笑。

公交车上的捷运诗*写着：打开房门，满屋子的寂寞，大声鼓掌。

寂寞，如何大声鼓掌？正因为是孤独一人，孑然一身，打开房门时，迎接主人的不是热闹的人情与温度，而是空荡荡的家；此处，空荡荡的寂寞竟然大声鼓掌，欢迎主人回来。作者刻意用一种有反差的，反常的热闹来描写寂寞，让人眼前一亮。这种违反一般逻辑的用法，在流行歌词、电视电影的广告词中屡见不鲜，它们的特色是精简反常，通过语言的陌生化达到审美的意趣，我们来看看下面的例子。

在有生的瞬间能遇到你，竟花光所有的运气。

（陈奕迅《明年今日》）

有人就有江湖，有江湖就有是非。人是从江湖生出来的，你怎么退出？

（电影《笑傲江湖之东方不败》）

命运偷走如果，只留下结果。

时间偷走初衷，只留下苦衷。

（五月天《星空》）

---

* 捷运诗：台北文学季活动中，选出的适合贴在捷运上的诗歌。

我困在有你的回忆里，你困在我的爱里，谁也无处可去。

（魏如萱《困在》）

“2018 广告金句”得奖作品：

女孩的青春有限，青春的女孩无限。（面膜）

把握人声，才能享受人生。（润喉糖）

再见好好说，好好说再见。（生前契约）

我们家不爱花钱，除了为爱花。（经济美学）

大旅游，不必大理由。（巴黎直飞项目）

从上面的歌词或广告文字里，你有没有归纳出什么特点？有些文句是让同一个词语重复出现；有些是将词语颠倒序列以进行排列组合；还有的是声音的双关（“人生”与“人声”，“旅游”与“理由”读音接近），这些都是通过字形、字音、字义的谐趣，造成跌宕的韵味。因此，若你想让自己的文字逐步开始有些文学性，却不知道如何开始，这样有趣的“反常”可以是第一步。现在请你想想“咫尺天涯”与“天涯咫尺”这二者的差异是什么？前者是“咫尺如天涯”，后者是“天涯如咫尺”。“咫尺天涯”是说两人之间的实际距离很近，却如相隔天涯，有两种可能：其一是“我站在你面前，你却不知道我爱你”；其二是“距离很近却始终见不到面”。而“天涯咫尺”是指两人虽然相隔很远，但是时空阻挡不了彼此的距离，天涯若比邻。这都是中文里独有的文字趣味。

第三章

写作的自定义疗程

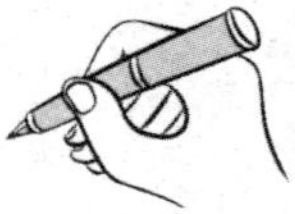

10　立意取材后，将思路具体化

写作的困难，往往也是它的可贵之处。因为，写作的人其实无法把自己想说的话、想传递的信息一字不漏地复制、拷贝出来，这就是前面我们曾经提到的，说得流畅并未必能写得出来。

写作是为了以清晰、流畅的方式传达出多元、复杂的概念和信息。通常，我们看到一个写作题目时，不必立刻开始写，而是要静下来开始脑力激荡——由这个题目我们会想到什么，让大脑开始搜寻相关的故事或经验。接下来才是将这个想法及意念具体化的过程。

所以，我们可以说，写作的第一步是“立意取材”，它是指一个题目确定之后，你如何确立文章走向——是理性的，还是感性的？是快乐的，还是悲伤的？确立了大致方向之后，你得开始从自己的经验中找寻材料。这些材料，来自于你以往的阅读内容，或者是你个人实际生活的体验。这些经验或例证用来确立并发展文章的题旨或主轴。

在本书的第二章中，我介绍了几个不可不知的写作秘诀。这一章，我从这些秘诀里，提炼了一些关键点，并由此设计出一些程式化的疗程，让每个人都可以针对自己写作上的问题来对症下药。

你的问题是写不好东西，还是经常无从下笔？是逻辑不通，还是语言文字很单调？是只能感性抒情，无法理性思辨？是只能一逗到底，不会使用标点符号，还是讲话啰唆，切不到核心与重点？或是，其实你讲了很多也写了不少，别人就是不能理解？你能长话短说，在台上流畅地做简报吗？（我们知道做简报其实是一种类似摘要、提取、浓缩、条例化的行为，它也是表达的形式之一，它结合了口语和写作两种表达方式。）种种写作问题的解决方法将在本章中详细阐述。不过，你不要一开始就要求自己必须写多少字数，其实写出符合逻辑的句子，写出精炼的文字更为重要。当你能够写出表意完整而充分的句子时，再去练习组成段落及文章，这样你会更有系统性及序列感。通常，作者若不能将句子表达清楚，他就不容易写好文章。段落及文章的逻辑与脉络，是表现作者总体思维及意念的关键。

任何文本或作品，都具有一定的篇章结构。篇章结构是指篇章的外部表达形式，它呈现出该文本如何与内在各要素之间联结。作者对于创作有他自己独到的见解与思考，为了清楚地传达这些想法，作者会利用篇章结构，将创作的意图顺畅地体现出来。

我们常常听见“起承转合”这样的说法：“起”是文章的起笔；“承”是对前面叙述的人、事、物进行延续描写；“转”是为了使文意有所起伏而让笔锋转向；最后的“合”则是对结果、结局的交代，也是对全文主旨进行概括的复述。

除了“起承转合”之外，还有其他篇章结构的类型，如“总分总”的先总括、再分述、后结论的模式。篇章结构在一定程度上反映了作者的思维方式，让读者得以利用这些结构特性对文章进行分析及鉴赏，进而达到阅读理解的需要。这也是作者和读者取得默契与共识的一种交流。

11　词汇的进阶：让文字开出花来

疗程一：善用中文词汇的多变性

在中文的世界里，大家最常使用的是形容词，因为形容词是很好用的词汇。你是否常听到“今天天气很好”“这碗面很好吃”“今天过得很好啊！”？“很好”这个词是不是真的很好用？从上面的例子中，我们看到“很好”这个词语似乎在不同情境下都可以使用。不过，也因此，它的表意便显得含糊笼统——天气很好是怎么样的好？是万里无云？是艳阳高照，还是微风习习？于是，我们会发现常常用形容词来表述自己的所思、所感、所闻、所触很容易形成表象式、浅碟式、浮光掠影式的思考，无法深入地直指核心。

电视台歌唱选秀节目里评审对于选手的演唱评价，如果仅用“很好听”“很动人”“很高亢”等形容词，会让观众觉得不太真实。一样是好听的歌声，但内容质量应该是不一样的。如果某个评审一直使用“很好听”“很优美”来形容歌声，过不了多久，就会被观众识破了，观众或许会窃笑：“只要说个很好听即可，那么我也可以当评审。”所以，我们要尽量避免使用平面抽象的形容词，使文字能够呈现出立体的画面，这是写作及说话的重点；而“说故事”“讲观点”要让人能听懂，让人想听下去，这是表达沟通的主要目的。

从事广告业的人大概都相信——所谓的营销就是你要为产品设计一个故事，而这个故事可以感动人心并召唤共鸣。吴念真导演曾说：“社会其实很欠缺说故事的能力 。”说故事的能力，如何训练？就从思考开始，从突破常规开始。对于词汇的使用，我们常有一些惯性及局限，而写作上常面临的窘境是“词不达意”，找不到适切的词来表达思绪。这是许多人常遇到的情况。因此，扩充大脑的词汇数据库，是写作练习里重要的基本功。例如：一个天朗气清的日子里，我们常听到的表述是“蔚蓝的天空”“蓝蓝的天空”等，其实，它可以有更多不同的表达方式，像是“朗朗的晴空”“蓝的凛然无畏的天幕”。

我们不妨从简单的词语变化及词语拉长的练习开始。这部分，又可以从刚才提到的形容词开始，逐步对其进行联想与辐射。

稚气的笑容

↓

她有着稚气的笑容。

↓

她的脸上有着纯真而稚气的笑容。

↓

她一身超龄的穿着，而脸上却有着纯真而稚气的笑容。

除了辐射式的联想外，你也可以尝试将对象的形容描述扩展，例如:“印象中，那个人的存在是遥远的，令人感到恐惧的。”把形容词加长，可以让主体的形象更为聚焦。请你比较以下几个形容词，它们有什么差异呢?

无声的教室

↓

静悄悄的教室

↓

阒无人声的教室

↓

空荡荡只有尘埃飘过的教室

以上的形容词都用来形容教室，词语有长有短，给你的感受有何不同？除了形容词之外，在中文的世界里，妙用动词，也是一个可以让文字鲜活起来的秘诀。“那些考卷成群结队地向我走来”，“走”这个字不是考卷这个名词所惯用的动词，此处这样使用，就活灵活现地把堆积的考卷向人涌来的状况呈现了出来。

苏打绿的歌曲《小情歌》中有这样的歌词："就算大雨让这座城市颠倒""就算整个世界被寂寞绑票"，歌词中的"颠倒""绑票"等动词的用法，也是跳脱一般使用的常态，我们不会觉得"下雨"足够让城市"颠倒"，也不认为"绑票"一词可以搭配"寂寞"来使用，但是这样一写，反而很有画面感。

这些颠覆常态的动词用法，让文句灵活起来，更有动感。这样的情形便是符合之前所提及的让文字跳出来的方式之一——反常合道（违反常态又合于道理）。

周杰伦《东风破》歌词中有一句："荒烟蔓草的年头……就连分手都很沉默。"以沉默形容分手也是一种反常，但，它是属于那种让人会心一笑的反常。

再来，我们也可以借由累积词汇量，建立同义词数据库的方法，增进写作时支配文字的能力。以下范例中字词的替代，请你想想看还有没有其他的可能呢？

嘲笑：取笑、讪笑、讥讽

思念：想念、惦念、挂念

思索：思忖、忖度、思量

天空：苍穹、天幕、穹庐、碧落

沉浮：泅泳、载浮载沉、陷溺

桎梏：牢笼、囹圄、枷锁、禁锢、监牢

轻视：蔑视、鄙视、轻忽、瞧不起、小觑

耽溺：沉湎、沉醉、醉心、纵情、沉浸

光阴似箭、岁月如梭：时光荏苒、岁月更迭、春秋代序、时光递嬗

词汇的累积，可以增进思考时的联想。当然，所有创作的起点，都是模仿。模仿不是抄袭，而是创新。创新是站在巨人肩膀上的创作，它可以让你有个路径可以依循，有点灵感可以启动。所以，抄录喜爱的句子，是个不错的方法，它可以让你了解自己喜欢的作品类型并逐步形成自己的写作模式。余秋雨在《文化苦旅·江南小镇》一篇的开头有一名句："堂皇转眼凋零，喧腾是短命的别名。"我们可以借此句型进行仿写练习，如"红颜转眼苍发，美丽是衰颓的前身"；"青春转眼消逝，白发是荣耀的冠冕"；"夏天转眼隐身，落叶是秋天的讯息"；"缄默转眼崩解，矜持是脆弱的抵抗"。这些由经典原作创新而来的句子，有一种改头换面的新姿态。

写作需要灵感，而灵感来自于哪里？我们知道，从零开始是创意，创作当然鼓励创意，但是创意并不容易；相形之下，创新较为简单，因为创新是站在前人的肩膀上继续努力。所以，写作新手不妨从创新开始。以下是一些得奖作品及仿作的试验，也都是创新的尝试。

捷运诗得奖作品：

打开房门，满屋子的寂寞，大声鼓掌。

打开房门，满屋子的欢乐，瞬间冻结。

打开房门，满屋子的孤寂，扑面而来。

媒体短讯征文：

青春，只能挥洒，不能挥霍。

青春，只能高歌，不能低吟。

青春，只能无畏，不能无知。

青春，只能浪漫，不能浪费。

洒脱不是自我放弃的表现，而是保卫失落的防线。

洒脱不是屠夫有勇无谋的粗勇，而是文人正义凛然的豁达。

洒脱不是甩甩头发扬长而去的背影，而是直面坦然地挥手道别。

仿写：

灯光是城市的植被。它们在城市的上空聚敛和发散，播种着光的果实。

大树是城市之肺。每日尽力地进行吐纳的运动，无怨地供给新鲜给人们吸吮。

（原句出自王安忆的《寻找上海》）

疗程二：注入回旋往复的文字趣味

汉字是图画型的表意系统文字，独体单音，汉字除了表意沟通之外，还可以呈现许多视觉上的审美趣味，中国的书法绘画艺术、回文诗、图像诗……都是在这样的基础上发展出来的。在中文里，有一些借由词语的回旋与反复，造成文意突出的语言现象，那就是形式上的修辞变化造成意义上的趣味。以下是一些流行歌曲的歌词，它们利用部分相似，或是回旋往复的排列组合，形成一种哲思及韵味。

离开一个人并不可惜，可惜的是，你为了一个人离开了世界。

孤单是一个人的狂欢，狂欢是一群人的孤单。

（流行歌曲《叶子》）

翅膀的命运是迎风，眷念的命运是寂寞。

（林忆莲《飞的理由》）

我最大的遗憾，是你的遗憾与我有关。

后来的我们，什么都有了，却没有了我们。

（电影《后来的我们》的台词）

当一个人习惯孤独之后，那才是比悲伤更悲伤的事。

（电影《比悲伤更悲伤的故事》）

这些歌词激发了另一种联想，或许我们可以通过相似词或是相反词彼此似同又异的巧妙关系来创作句子，借以体现哲理及意趣。“孤独”“孤单”是相同的概念吗？“忽略”与“忽视”一样吗？忽略是不放在心上；忽视则是不愿意放在心上。所以，你可以借由这样的思辨来提升自己的逻辑与写作能力，请看下面的例子。

爱不要抓得太紧，有时需要放松。但放松并不是放弃，而是适度地扶着他，走向他应该走也愿意走的路。

期望与失望是对孪生兄弟。期望前脚才踏进充满阳光的房间里，失望总拎着一簇乌云，吆喝着进来。

我从没有被谁知道，所以也没有被谁忘记。在别人的回忆中生活，并不是我的目的。遇见是两个人的事，离开却是一个人的决定。遇见只是一个开始，离开却是为了遇见下一个离开。

这是一个流行离开的世界，但是我们都不擅长告别。

我喜欢读小说，但只喜欢读悲剧，不喜欢读惨剧。因为悲与惨不同，悲能引人深思，惨只是叫人绝望。

聪明可以折服别人；高明能够摆平自己。聪明是向外开拓；高明是往内寻求。聪明是用脑思考；高明是用心去想。

馋，是孙子这时代的毛病；饿，是阿嬷那年头的问题。

这是物质丰裕的时代，也是心灵贫穷的时代。

这是晦涩难懂的时代，也是老妪能解的时代。

冷静是冰镇心灵的清泉；冷漠则是拒人于千里之外的冰山。

心痛是暂时的瘀青；心碎是恒久的刺青。

心痛是花朵凋萎时的扼腕；心碎则是连根拔起的绝望。

理性是后天创造的规范；感性则是与生俱来的本能。

理性恰似平静的水面；感性则如跳动的火焰。

现任男友和前任男友间的差异在于：前者嘴里说出的叫情话，后者嘴里说出的是谎话。

“放空”有时是因为不知所措或是茫然，于是，暂时搁浅以求片刻的宁静。

“净空”是因为知悉所来径、明白所归往，在奔忙与烦琐之际，通过净化以澄澈心灵或生命。

题目：

请你尝试用以下的题目，模仿上述形式，进行创作。

❶ 拥有与享有

❷ 赞美与批评

❸ 孤单与孤独

我无法拥有阳光，将它怀抱于胸，却能享有阳光的和煦与温暖；我无法拥有大海，亲炙它的体貌，却能尽情享有海的辽阔与舒缓。

拥有可以是具体的存在，享有却是恒常的存在。拥有可能是物质的丰饶，享有则是精神的饱满。

过多的赞美是阿谀，适度的赞美是艺术；过度的批评是挖苦，适度的批评是针砭。

若说一个人坐在咖啡厅中啜饮拿铁，阅读着自己最爱的书是孤单；那么，孤独就是待在人声鼎沸的酒吧中品尝苦涩的伏特加，看着身边人来人往。

中文的美感与哲理就体现在这些回旋往复、相似相异之中，让人感受到一种心领神会的趣味及通透。一则关于咖啡的电视广告上说："再忙，也要和你喝杯咖啡！"如果我们也尝试用一些小技巧，就可以看到更多创新的可能。

"再忙，也要喝杯咖啡"是偷闲的惬意。

"再忙，也要和你喝杯咖啡"是暖心的浪漫！

其实英文里也有这样通过字音或字形的接近而回旋往复的例证，我试举几例，看你读不读得出其中的趣味。

You jump, I jump.

Kiss me, or kill me.

To be or not to be.

12　句子的进阶：如何写出好句子

疗程三：联想式的句子写法

在本书第二章“剖析文章结构”中，我们曾经详细论述了句子的定义及内涵。我们知道：一个句子表示一个相对完整的意思，它以完成一次沟通表达为目的，句子末尾通常以句号、问号或叹号等来表示结束。下面，我们将进一步了解如何写出结构完整而表达充分的句子。

这里介绍一种操作简单的联想式写法。首先，选定一个名词，例如“秋天”。然后为这个名词联想出一个相关的形容词，如萧条、肃杀。最后通过这个形容词，再勾勒出一个具体的句子，并将这个句子扩展延伸。句子一旦伸展出去，由于材料变多，自然容易激发我们的思考与联想。

联想的方式有许多种，此处只是列举其中一种，你可以发挥创意进行更多辐射、发散、水平、垂直的联想。请看以下例子。

秋天的狂想

秋天→肃杀的→西风卷起满地被夕阳照耀的落叶→

西风阵阵吹来，令人不禁打了个冷战。血红色的落叶映照着夕阳的斑斓，在风中任意翻飞，犹如士兵溅洒沙场上的鲜血，肃杀的气氛在寂静的枫林中弥漫。

秋天→静寂的→空旷而鸦雀无声的山坡→

只有这时，我才想问问那群黄昏漫飞的乌鸦，您上哪儿去了？眼前的场景中，没有你沙哑的啼鸣，反而比你带来的不幸更为恐怖。身旁的巨树也吓秃了头顶，高举着指头微微颤抖。蝉儿比它更胆小，早已逃之夭夭，寒风也绕道而行，这回巨树可连动也不敢了。

秋天→缤纷的→公园中各色的树叶→

秋是个即兴的街头画家，以风为画笔将公园里满树的叶，如油画般点染，随兴地抹上黄、红、褐及特调的绿，蛮横地创造自己的审美观。

秋天→凄凉的→独居老人→

寒冷的风又呼呼地吹着，可怜的我，独自一人面对空荡荡的房屋，四面墙壁像是一个巨大的笼子，将我监禁着，孤独的氛围从四周逐渐聚集，合力压迫着我，使我无法呼吸。

疗程四：解释型的句子写法

如果说联想式的写法比较有文学性，那么解释型的写法就倾向于知性的、直接的表达。这种写法是针对题目直接以解释或诠释的破题方式来写。

命运是什么？命运是谋事在人后的成事在天？命运是面对努力后的挫败时，唯一宽慰的语言？命运到底是……？命运是两千多年前的屈原，面对日月山川、人事风物所提出的种种“天问”。命运若不磅礴、震荡、跌宕，屈原的《离骚》就无法完成；贝多芬也无以成就其《命运交响曲》之不朽。于是，悲剧成了命运的冠冕。

上面这段文字中，作者先自问命运是什么，而后自行给出了几个答案，最后作者以屈原及贝多芬的事例来做结论，并说明悲剧是命运的冠冕，而不是绝境。

再看看下面几个解释型的句子。

“武侠”之意，可以就“武”“侠”两字分别论述。我个人以为：“武”是个人的、内在的，是自我的功夫与修为之深浅；

“侠”是群体的、外显的，是替众生设想的经世与济民之厚薄。

人生是一段旅程。人生不是顿悟的片刻，而是渐悟的过程。人生里，顿悟的时候太少，因为顿悟需要泰山压顶般的巨大与沉重，需要壮烈及过激，但，这不是生活的常态；人生往往是在日升月落、柴米油盐的寻常中，在小情小爱、小奸小恶的细碎中，逐步渐悟，渐悟耐得住时间，渐悟允许失败。

家的意义是什么？对某些人而言，家的距离可以短到只隔一条街；也可以长到相隔一片海。家可以是船只的避风港，也可能是过客休憩的码头。因此，回家这条路，可以迢遥，也可趋近；是平凡的归途，也可以是特别的旅程。

题目：

请你尝试以“回忆”为题目，直接以解释或诠释的破题方式来写作。

参考：

回忆就像打在沙滩上的浪，你不知道能卷回什么。但经过不断的冲刷与拣洗后，能再回到大海的，必定是最永恒且铭心刻骨的记忆。

回忆是一颗神奇的种子，沉睡在心灵的沙漠里。它不畏白昼的酷热、夜晚的寒冷，静静地待在幽暗的土壤中。只有昔日的雨水滋润灌溉这干枯的土地时，它才会迅速地发芽茁壮，开出如往日般簇簇耀眼的花朵，诉说那一段辉煌岁月。

回忆像是一面抖动面粉的过筛，粗糙的，终究穿透不了筛子的孔目，只能被留下了。漫长时间的流动里，曾经的狂悲狂喜，当它成了回忆的一员之后，似乎都成了一抹抹浅浅淡淡的微甜与微涩了。

疗程五：化抽象为具体的句子写法

日常生活中，我们偶尔会听到这样的话：“你的文字很抽象，我不太了解它的意思。”所谓抽象，到底如何定义？抽象的反面是具体。抽象是指把细节剔除，以简单或虚拟的方式来表现。所谓“虚拟”是指通过文学技巧将一般的现象与常态加以渲染扩大，并给予文字更大的密度与张力，让作品呈现一种超越寻常生活经验的样貌。所以有人开玩笑说文学是“给了三分颜色，便可以开起染坊”。这句话道出了文学的虚构与想象的特点，也说明了文字是如何唤起人类的想象力的。

虚构或想象要如何表现出来呢？或者说，抽象的概念要怎么让他人知道呢？以下面的句子为例：“我很嫉妒他的成就。”

"妹妹老是说一些谄媚阿谀的话，让爸妈很开心。""骄兵必败，骄傲是一时的，无法长久。""我的懒惰性格导致年华老大，却一事无成。"嫉妒、骄傲、谄媚阿谀、懒惰等词语，就是一种抽象的叙述，所谓的"嫉妒""骄傲"到底是何种具体的形象呢？我们如果经常用抽象的概念来表达，会让读者或听众远离细节。

以下的练习，有几则不同的题目，要求在创作时不得出现题目中的字眼，必须以具体的物象或事态来表现该词语的内涵。例如："结实丰硕却不愿意低垂的稻穗，迟早会摧折毁损。"这一句是形容富有实力却不懂得谦虚的人，骄傲的姿态只会招致失败。句中完全不见骄傲二字，却能生动具体地呈现骄傲的形象。

题目：

骄傲

参考：

头仰的角度越大，摔跤的机会越多。

杯中的饮料如果太满，是装不下冰块的。

如同一只井底之蛙，不知天高地厚，永远认为自己是独一无二的。

题目：

嫉妒

参考：

总是见不得别人比他好，说起话来像喝了两大缸醋似的。

千万只小虫一起往心眼里钻，一点一滴地渐次侵蚀整颗心。

一副扭曲变形的心肠，装在没有度量的人身上。

题目：

懒惰

参考：

能坐绝对不站，能躺绝对不坐。

融化的冰，摆在那里，一动也不动，等待阳光来蒸发。

掉在地上的落叶，除非风的扫动，否则将永远躺在那儿静静腐化。

13 段落的进阶：段落写作招式

句子是最简短却表意完整的最小单位，有了句子之后才能写成段落及文章。基本上，段落是由句子与句群组成的，从段落的安排可以看出作者的思路发展或全篇文章的层次。有的段落可能只有一个句子，通常在文章的开头、结尾或过渡部分出现，呈现强调的效果。当然，多数的段落不止一个句子。

在文章中关于段落的区别，有**意义段**和**自然段**之分。自然段是指文章中自然而然的分段，我们日常所见的文章段落都属于自然段；意义段则是将文章中几段内容相似、概念接近、逻辑相连的自然段加以整合而形成的，通常在文章中无法以肉眼识别，它必须经过读者自行整理与归纳。

在这个商业化且高速运转的时代，除非是自身对写作有兴趣，想参加比赛，这样的人才会对写作有所渴求；还有人是因职场或学业（报告）的需求而写作。目前有许多炙手可热的媒体平台，包括脸书（Facebook）、推特（Twitter）、微信、微博等，我们常常可以在上面看到人们以各式短文分享自己的生活点滴，这是一种微写作的形态。

这种情况下，如果能把一个段落或者一篇短文写得脉络清晰、言之有物，就是一个很好的写作工程了。

我们在本书第二章曾经提到四种写作手法，分别是叙事、描写、说明及议论。这些是文章的基本写法，很少有作品会单独采用一种写作手法。

接下来，我们以实例来审视一下文本里这四种手法如何进行组合与交融。更进一步观察四者不同的组合会如何造就文章的风格差异。

疗程六：召唤共鸣

说故事或讲经验可以用叙事加描写的手法来实现。

人们都喜欢听故事，但是会讲故事的人不多。许多人写日记、写软文，常常都像是完成例行性的工作项目或是流程。此处的“故事”不一定是指虚构的故事，它是一种泛称，可以包括关于经验或体验的叙述。说故事的能力包含很多面向，其中与写作直接相关的是描写的能力，描写的概念类似摹写，是一种对感官与知觉的描述，包含视觉、嗅觉、味觉、触觉、听觉等。描写能力的训练，最基本的是要善于观察及体会。描写其实更为接近在空间里、静态之时的一种感官的细微观察。

此外，描写跟叙事常常是分不清，也分不开的。应该说，任何一个好的故事，通常是一边叙事，一边描写。我们来看看朱自清《背影》里的精彩“故事”。

我看见他戴着黑布小帽，穿着黑布大马褂，深青布棉袍，蹒跚地走到铁道边，慢慢探身下去，尚不大难。可是他穿过铁道，要爬上那边月台，就不容易了。他用两手攀着上面，两脚再向上缩；他肥胖的身子向左微倾，显出努力的样子。（描写）这时我看见他的背影，我的泪很快地流下来了。（叙事）

我赶紧拭干了泪，怕他看见，也怕别人看见。（叙事）我再向外看时，他已抱了朱红的橘子往回走了。过铁道时，他先将橘子散放在地上，自己慢慢爬下，再抱起橘子走。（描写）到这边时，我赶紧去搀他。他和我走到车上，将橘子一股脑儿放在我的皮大衣上。于是拍拍衣上的泥土，心里很轻松似的。过一会儿说：“我走了，到那边来信！”我望着他走出去。他走了几步，回过头看见我，说：“进去吧，里边没人。”等他的背影混入来来往往的人里，再找不着了，我便进来坐下，我的眼泪又来了。（叙事）

上文中我们看到朱自清如何通过叙事与描写来记叙父爱，他通过具体的画面显示父亲那颟顸微胖的身体，如何吃力地穿越月台与铁道去买橘子。虽然，作者没有亲口说出感动与爱，但是通过这个情节画面的描摹，一种简单而浓烈的父爱已经不言而喻了。

因此，阅读时，如果你觉得有些文字特别有画面感，特别感人，穿透了你的心，通常它都是叙事和描写两者兼而有之。我们再看看另外两个实例。

那一望便令人肃然起敬的日本武士，一次无意间与他那深邃有神的灵魂之窗相接，我像是一个手足无措的孩子，急急忙忙地想逃开那对似乎能洞悉人心的双眸。（叙事）他的脸庞阔气且棱线分明，眉宇之间一股英气泄出，而身躯结实强壮，腰间佩了一把武士刀，刀鞘修长，暗黑的外壳，（描写）一如武士的气宇，让人畏惧，不寒而栗。武士走起路来威武庄重，尤其那身洁净的衣裳与肃穆的气质十分吻合，平坦的衣领，宽大的肩线，开阔的袖口，宽松的裤管，（描写）从内而外，在于显示一种与众不同的气质。

那一晚，测不到温度的冰雪，席卷整条街道，街道上没有一个人影，（叙事）只见小女孩挽着一个篮子，沿街叫卖火柴盒，天寒地冻，她仍旧稳着声嗓。但实在是太冷了，女孩燃起一根火柴，温热使得她的脸颊出现了短暂的红润，挂着两条残留的泪痕，一双惹人怜爱的大眼，四顾周围，期待有个可以休憩的地方。火柴熄了，小女孩点燃了第二根，第三根……荧荧的微光中，女孩似乎看到了什么，露出了浅浅而满足的笑，接着，她的眼睛缓缓地闭上了，任由霜雪不停地侵袭上身。（描写）

疗程七：表达观点与见解

议论是什么？议论就是表达自己的观点与看法。议论常常和说明合在一起，这两者最大的差别在于，议论是主观的，说明是客观的。许多人误解“议论”是硬邦邦的文字，其实，议论的先决条件是主观的，判断议论的笔法，和柔软或坚定无关，最关键是看那是不是写作者自己的见解。我们来看看以下两个议论的笔法。

我们都同时脚踏两条船。一脚踏在白天的工作里，踏在众生的眼廓里；一脚则踩进夜晚的蜗居里，蜷缩在蜗壳中兀自俯仰，贪一晌之欢。有时候，我们也一脚踏在梦想的无限深邃里，眼露笑意；另一脚却踩在现实的流沙里，沉沦挣扎，挣扎再沉沦。（作者针对人在白天与夜晚、梦想与现实里的姿态，提出自己的看法。）

简单总得经历过繁复后，才能有蓦然回首的清明。简单得要饱经霜雪、穿越峻岭之后，才能有越过山丘的了然。我们总是在繁复、厚重、绚丽之后，才知晓五颜六色的加身有时并不美。于是，我们学会减法、学会省略，而后才能近似于简单；但是，也只能近似而已……人生必须选择遗忘，如此，种种痛苦和烦恼、忧伤、遗憾等才能真的成为过去。我们有时拼了命和他人聊天，或企图喝下更多的心灵鸡汤，希望鸡汤让人醉，醉后醒来一切如新。但，每个人都是拥有快乐的同时也藏匿着忧伤。因为忧伤，快乐才能更显得快乐；也因为快乐，忧伤不再是孤单地舔舐伤口了。（作者旨在表达简单与繁复、快乐与悲伤常常是相伴而来的。）

人的想法或是观点，通常是因为外在人、事、物的刺激而生出来的。电视节目里的“名嘴”们，他们是如何来表述自己的立场呢？有没有发现，他们往往引经据典，引用事例、社会现象、历史故事来作为一种证据，以支持自己的论点。我们来看下面的文章，分析它又是如何通过四种写作手法之交错运转而完成的。

医院，其实很像市集，有着浮世绘与众生相；并且，都有喧哗的众声与蒸腾的人群。但是医院的色彩是单一的，而市场的颜色是热闹的。（叙事）

人们在不同的诊间铺子里流动，各自寻觅所需。医院市集里的人们，眼神灰蒙，常常望向远方，飘浮着几许淡淡的忧愁与恍惚，不若市贩里一双双灿然的眼。市场里的人们主动出击，他们是猎人，是满载希望的猎人，自由地选择与移动，饱满囊袋后，回眸一望，然后离开；而医院里，人们是被动的存在，等待宣布，等待指示人生的方向，一个个标示中，依序鱼贯前进，像生产线上笔直排列的货品。（叙事与描写）

我想，到医院是一种必要。生病时，必须；陷入生命的光与暗，迷茫之际，更是必须。于是，在来来去去的轮转中，对于拥有与失去，有着更深刻的体会。然后，学会珍惜！生命的轻重、长短与冷热，如电光石火逼仄眼底！（议论）

14　如何下手：先从摘要及缩写开始

从市面上许多指导写作的书籍中，我们常常看到不同的写作练习，例如缩写作文、扩写作文、接写作文、改写作文、看图写作等。虽然题型看起来五花八门，但是归纳来说，这些不同的写作练习，其实都是**思考道路的序列化整理**。写作是思想与逻辑的具体化呈现，我们知道思绪是跳跃的、多元的，常常受到外界干扰，所以训练及组织思路才能让写作有效果。因此，扩写与续写可以视为一种想象与联想的发挥；缩写和做摘要则是训练序列性思考及长话短说的能力。

新手开始写作前，可以先从**缩写与做摘要**这样的练习开始。首先，通读全篇文章，看看文章属于客观论述还是主观表达；接着，尝试从每段找出关键字句，把它们画下来，再将每一个段落或是层次的关键字句整合成一篇精简的短文；然后，将它拿来跟原文比较，看看主旨是否一致，有没有偏颇。如果自己无法评断，请他人来阅读也可以，这是摘要及缩写的基础，也是借助阅读找出写作盲点的第一步。

疗程八：缩写作文

很多人会认为自己说不了太多，写不了太长，可是他们常常是打开话匣子之后，不可遏抑。在当前的社会中，简单、清楚、正确的简报表达力是一项必备技能。所以，我们先来练习缩写。请注意，缩写只是压缩原文的篇幅，但不能改变原作的框架结构、主要情节、人物、叙写顺序，更不能改换原文的体裁。

缩写要缩减原文字数，进行高度概括，故而缩写之前，我们要先将全文加以分析，明白各段的大意及重点。然后进一步对原文进行细腻的分析解剖，理清其枝叶，这样我们才能明白该留什么，该删什么。接下来我们再逐字逐词地研究如何删减，如何替代，如何以自己想到的词语来缩减添加。原则上，可先行考虑删除不影响主旨大意、不影响情节关键的描写性文字，接着可将与主题关系不密切的冗赘部分删去。对话、形容词都可以尝试删减。

阅读下面的文章，然后将它缩写成 300~400 字的短文。

题目：

邂逅一只啄木鸟

那年暑假，我在医院当实习护士。

从小就有过敏性鼻炎的我一直无法适应病房杂味交陈的空气，那天为一位男病人注射时，鼻涕根本止不住，大大影响了技术。那男病人当场发火要求换正式护士来，我收了收东西含泪走出病房。突然后面有人递了张纸巾给我，我转头一看，一个俊挺的男生右手拄着点滴架，那双深邃似潭的大眼闪烁着迷人的柔光，他泛着笑意说："小护士，别哭嘛！那大男人也真没胆，轻轻挨一针就无法忍受，还破口大骂，算什么男人！"我很惊讶，原本已沉入谷底的心情又缓缓被救上岸。他接着说："这样好了，我去告诉你们老师，我自愿让你练习，反正我已身扎百针，不怕了！"

他就是罹患肺癌的十八岁的家荣，入院两个月，他自知病情并不乐观，却能超乎成熟地理性面对。大家推测这与他的成长背景有关，父亡母改嫁，他和哥哥在远房亲戚支持下长大，现实生活逼他们更加独立，比别人更早透悟人生。

后来这也成了我受挫时最佳的避风港。仗着年少轻狂，那一次趁着家荣暂停注射，为了实现他的愿望，我不顾护理伦理，和他串通好二人出去吃麦当劳，浏览橱窗，嗅夜里的芬多精，他非常开心地直说这一生已满足了。隔日二人还因成功的疯狂行为窃喜许久。

一次走进病房，看到家荣头不断轻点胸口，我以为他胸口又痛了，慌张地为他准备氧气，谁知他竟漾开笑容说："小飞，你看我这样像不像啄木鸟？我要一一啄出体内的癌虫，可是却失败了！"我红着眼心疼地望着他。

实习结束的前一天，一到病房便听闻家荣病危的消息，我立即冲到他病床，拉开屏风，学姐正在作尸体护理，那对深陷的眼眸一片涣散，面部僵硬地无法牵动一抹微笑，这就是死亡啊！我一滴眼泪也没淌，只是身体颤个不停。

五年来，家荣的影像已渐渐模糊；但每当我带着忧愁入睡时，梦中总会飞来一只五色鸟，在我心口轻轻啄出一只只蠕动的坏虫。翌日，我又能带着微笑面对世俗红尘。

（莫飞，750 字）

参考：

例一：

还记得那年的暑假，我仍是医院里的实习护士，因为过敏性鼻炎，一直流鼻涕，被病人要求更换，在我含泪走出病房时，一张面纸从背后递上来。一转头，看到一个右手拄着点滴架，眼睛柔光似水的男生，笑着要我别哭，还说自愿让我练习。原来，他就是罹患肺癌的家荣，自知病情不乐观，仍能豁达而理性地面对。

后来，他成了我的避风港，我俩还趁着暂停治疗的机会，偷偷外出吃麦当劳，享受夜的洗礼，他直说此生已足矣！

某次，看他又轻点胸口，我以为他又胸痛，他却说："我是一只啄木鸟，想要啄出体内的癌虫，但，失败了。"我只是心疼地望着他。

实习结束前一天，听说他病危的消息，我立刻冲进病房，学姐正在做尸体护理，我哀恸到忘了哭泣。五年来，家荣的影像逐渐模糊；但每当我忧愁入眠时，梦中总有只五色鸟，为我啄出坏虫。翌日，我又能笑对红尘。

（陈彦文，343 字）

例二：

那年暑假，我在医院当实习护士。某天因为先天的鼻子过敏，注射时不小心失手，被病人斥责要求换人。当我极度沮丧含泪走出病房时，一个右手拄着点滴架的男孩，以一双深邃似潭的眼眸对我笑着，也递出了一张让我感动的纸巾。他贴心地安慰着我，让我沉入谷底的心被救上了岸。

后来我才知道他是罹患肺癌的家荣，他成熟理性地面对自己的病情，这样的态度或许是和他的家庭背景有关！之后他成了我受挫时的避风港。为了完成他最后的心愿，我不顾医学伦理地带他去吃麦当劳，至今想起仍令人会心一笑。某天，家荣又开始不停地轻点胸口，我以为他又发病痛了起来，心疼地问他，他竟笑着说："我像不像只啄木鸟，想把体内的病虫一一啄出，可是我却失败了。"我心疼不已。

实习结束前一天，听闻他的噩耗，我立刻冲进他的病房，进去时，只见一具空无灵魂的躯壳。五年来，我常梦见一只五色鸟在梦中出现，啄我心中的坏虫。翌日，又能笑对世俗。

（张纮恺，381 字）

15 阅写合一：在别人的故事里，留下自己的泪与思

我们在阅读与写作的时候，若能够换位思考，就会产生提升自我的能量。也就是说，在阅读时，除了以读者之眼看待作品之外，我们也要尝试以作者的视角去想想，如果是自己要完成这个作品，会怎么写，如何安排结构或情节？同样的道理，在写作时，除了我手写我口地直抒胸臆之外，我们也要去思考，自己使用的写作方法及呈现方式是否能让读者明了呢？一篇文章中的情境必须要让读者阅读之后能够在大脑里产生画面感，或是能让读者关联自己的经验，才能产生交流与沟通的意义。

通常，能唤起读者感知的，其一是共同经验，因其能引起共鸣；其二是语言文字的到位或精准，因其能吸引读者思考。写作，除了是自我思考的整理之外，最重要的是其文本能对读者产生意义或价值——疗愈读者或激励读者。所以，阅读与写作

其实是合一的。

我们来看看什么是阅读与写作合而为一的过程。

疗程九：强化资料判读与思辨能力

对资料或信息的解读与分析是生活中常见且必备的能力。无论是学生或上班族，因为工作的需要，因为课业的需求，每天都要接收大量的资料与信息，面对数量庞大、内容繁复的信息，该如何咀嚼、消化与吸收呢？我们来看看在写作上如何训练这样的思辨能力。

以下有两篇古文，它们都是借着一种说服的方式，以达到解决问题的目的，请尝试分析它们的策略与结果。

题目：

以下选文出自《世说新语》规箴第十，阅读完后，请你分析文中东方朔的说服策略，文长150字以内。

汉武帝乳母尝于外犯事，帝欲申宪，乳母求救东方朔。朔曰："此非唇舌所争，尔必望济者，将去时，但当屡顾帝，慎勿言，此或可万一冀耳。"乳母既至，朔亦侍侧，因谓曰："汝痴耳！帝岂复忆汝乳哺时恩邪？"帝虽才雄心忍，亦深有情恋，乃凄然愍之，即敕免罪。

参考:

东方朔不采取直接劝谏武帝的方式，而以间接侧面的手法警醒武帝。东方朔表面上苛责乳母的愚蠢，实际上是借着指桑骂槐的方式，让汉武帝能自行觉察。如此一来，东方朔不会因为直谏忤逆君上而受罚，也顾及武帝的颜面并让他有台阶可以下，更可以显示武帝恻然有恻隐之心的仁君之态。

东方朔在此事件中，所采取的说服策略，其成功的关键在于：启动汉武帝的恻隐之心。东方朔相信人性本善，上至王公贵族，下至乞丐小儿，任何人都隐然有善心。因此东方朔不逞口舌之快，不直接劝谏武帝，将一场原本会发生的唇舌之争，转成情意的拉锯，而乳母不费任何话语，仅以神情频频眷顾武帝，搭配东方朔对乳母的嘲弄，终使武帝改变心意。

题目:

以下短文节选自《左传·烛之武退秦师》，阅读完之后，请你分析文中烛之武说服秦伯的策略，需以条例的形式，列点说明，文长200字以内。

夜缒而出，见秦伯曰："秦、晋围郑，郑既知亡矣！若亡郑而有益于君，敢以烦执事。越国以鄙远，君知其难也；焉用亡郑以陪邻？邻之厚，君之薄也。若舍郑以为东道主，行李之往来，共其乏困，君亦无所害。且君尝为晋君赐矣；许君焦、瑕，朝济而夕设版焉，君之所知也！夫晋，何厌之有？既东封郑，又欲肆其西封，若不阙秦，将焉取之？阙秦以利晋，唯君图之！”秦伯说，与郑人盟。使杞子、逢孙、杨孙戍之，乃还。

参考：

利益条件上：郑国愿为东道主，供应秦国之所需。

地理方位上：郑国的地理位置在齐、楚、晋的边境上，就是未与秦国接壤，攻打郑国对于扩充秦的疆域并无益处，只是图利晋国，增加晋国的领土。因此，烛之武提出了“越国以鄙远，焉用亡郑以陪邻”的说法以说服秦伯。

挑拨离间：

- 秦晋历史恩怨：烛之武重提晋惠公夷吾（重耳之兄）不守当年与秦穆公说好的条件，本来答应将焦、瑕两城池送给秦国，后竟“朝济而夕设版焉”。
- 晋国欲扩张西方领土，必攻秦国。

在这些知性思辨型的文章中，我们必须不停地怀疑并提出疑问，确立某种观点之后，寻找证据，并确认证据，以支持观点的合理性。再看看以下一段文字，你便能够更清楚地了解什么叫观点的表述，这一段文字的主要观点是告诉读者“符号”与“记号”的差别到底是什么。

“符号”及“记号”两者是不同的。我们可以用它们来区辨文学语言与科学语言。“符号”是科学语言常用的，不同符号或符码具有定向的普遍意义，它具客观性；“记号”是文学语言的大宗，它会主观地随着不同使用者的使用模式而产生殊异的可能与变化。

疗程十：如何讲个好故事

对于很少接触古典文学作品的人来说，如果觉得古典小说太长看不下去，或者觉得文言文太难看不懂，笔者推荐一读的古典文学作品是《世说新语》。这本书是笔记小说的形态，内容都不长，大多是记载东汉到刘宋初年间的文人高士、政治人物的言行风貌和轶文琐事，非常有趣而生动。读者如果真的担心看不懂文言文，搭配白话翻译来阅读也是可行的方法。另外，读者也可以用《世说新语》的内容，来训练自己说故事的能力。一来材料已有；二来阅读古籍也可以增加文化知识。以下是几则运用《世说新语》的材料来训练说故事能力的示范。

题目：

阅读完下方文字后，以之为基底，写出一则小故事。

王子猷、子敬俱病笃，而子敬先亡。子猷问左右：“何以都不闻消息？此已丧矣！”语时了不悲。便索舆来奔丧，都不哭。子敬素好琴，便径入坐灵床上，取子敬琴弹，弦既不调，掷地云：“子敬，子敬，人琴俱亡！”因恸绝良久。月余亦卒。

《世说新语·伤逝第十七》

参考：

无调之琴——伤逝

江宛伦

王子猷与王子敬二人都病得很重了，死亡是人生必经的阶段，但子敬毕竟还是先了子猷而去，该伤感吗？王子猷躺在病床之上，用他那微微颤抖的声音向侍立左右的仆人索取最后一点音讯。“为什么……都没有子敬的消息？这（一定）是他已经死了！”说话时也不悲伤。他知道的，子敬是死了，而自己呢？是不是也快了？他不悲伤，只是，他必须见子敬最后一面。他这么想着。于是吩咐仆人备车，颤巍巍地向子敬的灵堂奔去。

他的泪在心里凝成一圈小小的涟漪，而他的眼眶是干的，没有悲。他的耳边仿佛响起了子敬巧手下的琴音，是那样的流畅自然，是那样的令人欣喜。他独自一人走入，昔日的那把琴就放在灵床之旁，在他的目光里，缓缓流泄熟悉的旋律，没有杂音，自然流畅。他缓缓坐了下来，有些吃力地抱起那把琴，用他病奄奄的手抚弄了起来。然而，几根弦的声音已经不协调了，恍惚间似乎看见那把琴在他的膝头哭着，以一种十分哀凄的音调，哭出一道道伤痛的瀑布。他再也忍不住了，用力将琴往地下一掷，大哭道："子敬，子敬，你的人死了，你的琴也死了！"

子猷大恸。一个月之后也离开人世，带着没有曲调的琴音。人生究竟如何才算得上无悔呢？

题目：

阅读完下方文字后，以之为基底，写出一则小故事。

魏武常云："我眠中不可妄近，近便斫人，亦不自觉。左右宜深慎此。"后阳眠，所幸一人，窃以被覆之，因便斫杀。自尔每眠，左右莫敢近者。

《世说新语·假谲第二十七》

参考：

睡眠中的枭雄

张淑华

一代枭雄曹操是个疑心病很重的人，常常怀疑他人，宁可错杀一百也不愿放过任何令他有所顾虑的人。于是，他随时随地保持警觉状态。他常常告诉部属："我睡觉的时候，不得接近我，否则我会杀了那个人，自己也不会有任何感觉！"当他这么说时，部属们以为曹操只是希望不要有人打扰他休息而已，所以并没有特别在意。

有一天，曹操在午后小眠，打算养精蓄锐一番。有名下属见他睡觉却没有盖被子，为免曹操着凉，好心地将薄被轻轻地盖在他身上。没想到，就在薄被覆在曹操身上的瞬间，曹操的长臂一伸，迅速提起身旁一把擦得晶亮的大刀，以迅雷不及掩耳的速度往那名部属的头上一挥，顿时，咔嚓一声，人头便落在地上滚来滚去，而他的脖子，则如喷泉般涌冒着一股股难闻的血腥，但曹操依然睡得安稳且毫无所觉，一如他事先的警告。

题目：

阅读完下方文字后，以之为基底，写出一则小故事。

魏武少时，尝与袁绍好为游侠。观人新婚，因潜入主人园中，夜叫呼云："有偷儿贼！"青庐中人皆出观。魏武乃入，抽刃劫新妇，与绍还出，失道，坠枳棘中，绍不能得动。复大叫云："偷儿在此！"绍遑迫自掷出，遂以俱免。

《世说新语·假谲第二十七》

参考：

急中生智

施颉笙

曹操年轻的时候，和袁绍为友，两人喜欢到处游荡为非作歹，击剑好事，完全看不出来此时的他，将来会有大作为。有一天，两人在路上闲晃，正想找些事来打发时间，恰巧碰到一户正在办喜事的人家，一时灵光乍现，两人便偷偷潜入花园之中，等到夜幕低垂，皎洁的月光与闪亮的星辰也就位了。此时，曹操大声地喊叫："有贼！"顷刻间，原本静阒的洞房花烛夜，变得鸡飞狗跳的，屋内的人还来不及穿好衣服就跑出来看，看看是谁嚣张地在别人大喜之日来捣乱。

狡诈的曹操也趁机溜进新房，看到貌美如花的新娘，也不懂怜香惜玉，抽出了刀就架在新娘的颈项上，然后与袁绍赶忙逃离已经乱成一团的宅第。他俩完全没有注意到抢来的新娘早已吓得魂飞魄散了。就在两人以为一切都顺利进行时，没料到竟然迷路了；更倒霉的是，袁绍竟然掉入了荆棘陷阱之中，一动也不能动。两人面对这样的情况都起了慌。这时曹操想了一个法子，虽然非常冒险，但他仍当机立断，用尽吃奶的力气大吼："小偷在这儿！"听到曹操这么喊，袁绍差点没吓死，就在千钧一发之际，袁绍有如神助般使尽全身的力气，从洞里跳了出来。而在后面追赶的人，只能忿忿然地看着他们消失在黑夜中。

疗程十一：批判性思考与写作

历史舞台上的楚汉相争，一直是世人所熟知的故事与题材。刘邦与项羽两人的龙虎生死斗所掀起的巨浪狂涛，在时间的江河里，始终不曾退去。光看他们俩的故事被多少电视剧、电影导演一再翻拍，就知道他们脍炙人口的程度了。

赢在起跑点却失败的英雄项羽，名垂青史；一路跌跌撞撞的刘邦，却最终建立汉朝。这两人的对照真是太精彩了，成为人们津津乐道的话题，甚至成为商场上的教材。

以下撷取司马迁在《史记·项羽本纪》与《史记·高祖本记》两篇文章中的内容，请仔细推敲一下它们的内容及写作手法，然后，想一想，为什么司马迁要让两个人的出场画面有所不同呢？同一作者，在写作上最简单的方式，就是建立起一个模块，打包写作。可是，司马迁并没有选择这样的便宜行事，他精心设计，让项羽和刘邦以不同的方式出场，请问司马迁为什么这么做？其次，你看到刘邦和项羽的出场，有没有发现不同处呢？请说说看不同处在哪里？司马迁这么写有没有什么弦外之音？

原文：

项籍少时，学书不成，去学剑，又不成。项梁怒之。籍曰："书足以记名姓而已。剑一人敌，不足学，学万人敌。"于是项梁乃教籍兵法，籍大喜，略知其意，又不肯竟学。项梁尝有栎阳逮，乃请蕲狱掾（yuàn）曹咎书抵栎阳狱掾司马欣，以故事得已。项梁杀人，与籍避仇于吴中。吴中贤士大夫皆出项梁下。每吴中有大繇役丧，项梁常为主办，阴以兵法部勒宾客及子弟，以是知其能。秦始皇帝游会稽，渡浙江，梁与籍俱观。籍曰："彼可取而代也。"梁掩其口，曰："毋妄言，族矣！"梁以此奇籍。籍长八尺余，力能扛鼎，才气过人，虽吴中子弟皆已惮籍矣。

（《史记•项羽本纪》）

高祖，沛丰邑中阳里人，姓刘氏，字季。父曰太公，母曰刘媪（ǎo）。其先刘媪尝息大泽之陂（bēi），梦与神遇。是时雷电晦冥，太公往视，则见蛟龙于其上。已而有身（怀孕），遂产高祖。

高祖为人，隆准（隆，高的；准，鼻子）而龙颜，美须髯，左股有七十二黑子。

仁而爱人，喜施，意豁如也。常有大度，不事家人生产作业。及壮，试为吏，为泗水亭长，廷中吏无所不狎侮（态度轻慢）。好酒及色。常从王媪、武负贳（shì，赊欠）酒，醉卧，武负、王媪见其上常有龙，怪之。高祖每酤（gū，买酒）留饮，酒雠数倍。及见怪，岁竟，此两家常折券弃责（同“债”）。

高祖常繇（yáo，劳役）咸阳，纵观，观秦皇帝，喟然太息曰：“嗟乎，大丈夫当如此也！”

（《史记·高祖本纪》）

翻译：

项籍小的时候曾学习写字识字，没有学成就不学了；又学习剑术，也没有学成。项梁对他很生气。项籍却说：“写字，能够用来记姓名就行了；剑术，也只能敌一个人，不值得学。我要学习能敌万人的本事。”于是项梁就教项籍兵法，项籍非常高兴，可是刚刚懂得了一点儿兵法的大意，又不肯学到底了。项梁曾经因罪案受牵连，被栎阳县狱掾逮捕入狱，他就请蕲县狱掾曹咎写了说情信给栎阳狱掾司马欣，事情才得以了结。后来项梁杀了人，为了躲避仇人，他和项籍一起逃到吴中郡。吴中郡有才能的士大夫，本事都比不上项梁。每当吴中郡有大规模的徭役或盛大的丧葬事宜时，项梁经常做主办人，并暗中用兵法部署组织宾客和青年，借此来了解他们的才能。秦始皇游览会稽郡渡浙江时，项梁和项籍一块儿去观看。项籍说："那个人，我可以取代他！"项梁急忙捂住他的嘴，说："不要胡说，要满门抄斩的！"但项梁却因此而感受到项籍是很不一样的。项籍身高八尺有余，力大能扛鼎，才气超过常人，即使是吴中当地的年轻人也都很惧怕他了。

（《史记•项羽本纪》）

高祖是沛丰邑中阳里人，姓刘，字季。他的父亲是太公，母亲是刘媪。高祖未出生之前，刘媪曾经在大泽的岸边休息，梦中与神交合。当时雷鸣电闪，天昏地暗，太公正好前去看她，见到有蛟龙在她身上。不久，刘媪有了身孕，生下了高祖。

高祖这个人，高鼻长颈，容貌有龙相，胡须特别美，左大腿有七十二颗黑痣；仁厚爱人，喜欢施舍，胸襟豁达，大度宽宏；不愿从事农耕生产家务劳作。

到了壮年，应试为官吏，当上泗水亭亭长，衙门里的吏役没有不被他戏弄欺侮的。他喜欢喝酒，好女色。常常到王媪、武负那里去赊酒喝，喝醉了倒头就睡。武负、王媪看到他身上常有龙形出现，觉得这个人很奇怪。高祖每到酒店买酒畅饮，这天酒店售出的酒，总要比平时多出好几倍。等二人发现这怪现象之后，年底结账时，常常撕了账单。于是，高祖的欠债一笔勾销。

高祖曾到咸阳服徭役，有次秦始皇出巡，特许百姓观看，他看了感慨地说："啊，大丈夫就应当如此！"

（《史记·高祖本纪》）

你发现了吗？司马迁对于两人的出场有着精心的安排。在《项羽本纪》里着重描写项羽的武艺气势、略带傲气的自负，还有做事学习只有三分钟热度的态度；而在《高祖本纪》里，最常出现的关键字是"龙"，司马迁没有说刘邦是因才智气力过人而胜出的，反而是不断凸显刘邦似乎理当为天子的宿命。还有，隐隐约约地可以看出一种寓褒贬于文字的批判中，这种批判是说刘邦不事生产，好酒与色的个性。文字口诛笔伐的力量就在这样的对比中清楚显现。

16 实践运用：文案写作

疗程十二：广告文案起手式

现在最流行的产业形式是“电商”，所谓“电商”就是电子商务的简称。电子商务，简而言之就是利用网络来进行商品、服务的交易。交易双方不需要亲自见面来进行各种商业活动，店家不需要有实体店面，只要通过网络平台来销售就可以。也因此，营销显得十分重要。在这样的时代趋势之下，网站的经营是重要的面向。打开求职网站，有一种昵称为“小编”的职务，他们就是电商平台非常重要的营销人才。他们所需要具备的创意营销能力，指的是能在图像、文字上实现吸睛设计，例如给图片搭配上一些文字，便一针见血、一语中的，让网友或消费者印象深刻。

所以，广告文案成了营销的重要媒介之一，文案写作成了一种重要的写作形式。文案写作不是鸿篇巨制，它比较接近微写作的模式，轻巧简洁但是直捣黄龙，能让人眼前一亮，会心一笑。我们来看看下面的旅游文案。

题目：

旅游早已是一个全民运动。人们借着出走，去浇灌渐趋枯竭的心灵；也借着逃离，将梦想的原乡拉近了一些。我们都在梦想与现实之间游走。你心里一定有一个梦寐以求的旅游胜地，请你尝试以文案的方式介绍给我们。

请注意：这是一段旅游的广告文案，而非自白式的日记，需以大众阅读为目的。此外，这段文案也要有一个标题。此段广告文案的字数在250~300字之间。

参考:

烟笼青山　雨不改色——宜兰

陈麒如

在地图上寻幽，宜兰像个不食人间烟火的少女，偶尔受了委屈，便攫走了所有人的心。宜兰，一个多泪的地方，听不见现代都市里文明的矛盾；也看不见一层层交叠着厚度的尘埃，那份肮脏的浊气，被风一扫，便四散窜逃，茫茫然消失在群山之中。在这儿，只有撕不去绿意的青山、抢不走澄澈的小溪，与散居在各处的，淳朴的民风及亲切的热情。细雨的足尖一落，便踢走沉积在人们心上的污浊与烦忧。这里的雨，向人们娓娓诉说它的快意与自适，轻松与恬然，对于远处飘来的喧嚣，它毫不招呼，便大咧咧地驱逐出境。来宜兰吧！让雨将都市的混浊洗净，升华到九天之外去。来宜兰吧！将烦恼自心上脱去。

疗程十三：即使是微写作，完整也很重要

在这高速运转的时代，三四个小时的长电影存在着，但更多的是二十分钟左右的微电影。当写长文成了一种奢侈的想象之后，就开始写短文、金句。微写作成了这个时代最主要的写作形式。其实，长短与否，不是评价一篇文章或是一部作品的唯一标准，真正的重点在于，作者表达的意义是否完整了？他想说的是不是在作品当中都表达了？以下我们选择了关于青春、读书、爱情等主题的句子、段落及文章，它们虽然长短不一，却都很轻巧，意义及意象丰富而饱满，可以精准传达出作者的意旨。

题目：

关于青春的 N 种想象

参考句子：

含着泪，我一读再读，却不得不承认，青春是一本太仓促的书。

（席慕蓉）

青春，是冰做的风铃，晶亮剔透却逐渐消融。

（张曼娟）

参考段落：

纪伯伦的一段抒情文诗——

你无法同时拥有青春和关于青春的知识。

因为青春忙于生计，没有余暇去求知；

而知识忙于自我寻找，无法享受生活。

米兰·昆德拉说——

青春不是人生一个特定时期的名称，而是超越任何具体年龄的一种价值。

《蓝色大门》电影原声带对白摘录——

在人生的河流里，有一个渡口，即使你已经驶离它很久很远。

你仍会随时想回到这个渡口靠岸。

去流连探望它的风光和气味。这个渡口，就叫作青春。

所以才有人说青春是不死的。

它只是一直藏在记忆的蓝色大门内。

随时等待我们翻箱倒柜重游一趟，也重新解读它给我们的讯息。

题目：

关于读书的N种想象

参考段落：

少而好学，如日出之阳；壮而好学，如日中之光；老而好学，如秉烛之明。少年读书，如隙中窥月。中年读书，如庭中望月。老年读书，如台上玩月。皆以阅历之浅深，为所得之浅深耳。

（涨潮《幽梦影》）

少年听雨歌楼上，红烛昏罗帐。壮年听雨客舟中，江阔云低，断雁叫西风。而今听雨僧庐下，鬓已星星也。悲欢离合总无情。一任阶前、点滴到天明。

（蒋捷《虞美人》）

题目：

关于爱情的N种想象

参考句子：

小时候，爱情是遥远的梦，幻想着美丽向往的心情。

传说中，爱情是来世还要当他的妻，死后化为彩蝶翩翩飞起。初恋的时候，爱情像四目交缠的心悸，时时盼着他的电话声响起。分手以后，爱情是年少的一场游戏，狂喜狂悲后，却说不出道理，说不出道理。

（流行歌曲 郑怡《我所知道的爱情》）

第四章

写作“微整形”

前面提到写作完成后的评阅方式有三种，其中最方便有效的是“同行批阅”。**同行批阅**是写作练习中很重要的反馈方式。两三个写作者一组，相互讨论、相互批改，效果会比一个老师批改的要好。老师的批改对学生的影响，往往在于老师的鼓励可以让学生更有信心，可是对学生写作能力的改进，不一定有具体的帮助。但是，三五个同学相互批阅讨论的时候，大家可以看到不同思考模式者的反馈与脑力激荡。

有些平常看起来不大会写作的学生，或许是很好的评论者，他自己写不来，可是在评论别人的文章时却很有条理。如果给他几次机会，让他多看，多评论，或许他也会蠢蠢欲动开始下笔。

运用同行批阅的方法时，指导者要有一些技巧。例如先让学习者讨论一段已完成的内容，而不要一开始就批阅整篇，因为整篇讨论的时间太长会使讨论失焦。另外，要训练学生的描写能力。你可以举眼前看到的任一个事物，让学习者用单一段落描述那个事物；然后，让其他学习者根据那一段落的内容来讨论。

语文其实是一种技能，就像游泳、打球、弹钢琴一样。所有有关技能的学习，都是有步骤、有路径的。为什么写作没有？写作应该有，只是这套技能在传统教育里没有被发展出来。

阅读最重要的训练是学习**做摘要**。做摘要不是写读后感，而是总结这本书、这篇文章到底说了什么。它不是个人的自由发挥，而是很忠实地把作者的意图再现出来。我们要先如实地呈现原来的内容，再谈个人的感受。现在的读书心得写作教学，往往颠倒过来，还不确定学习者是否理解书中的内容，还没有训练他们如何用简单的语言归纳作者原来的意图，教者就直接让他们自由发挥写作心得，这并不是很好的训练。具有读者意识的作者，在其作品中会用召唤结构来引发读者的共鸣与思考；而了解写作意图及写作结构的读者能更有效地阅读，这是同行批阅互相补足的好处。

写作的心法与秘诀，许多时候是靠口传心授，通过经验法则得到结论。不过，经验法则常常欠缺理论的支持，总是落得“三折肱成良医”的刍荛之见的评价。那么，经验法则对于形塑理论有何助益？或者说在理论成型的过程中，经验是在哪一个节点起作用的呢？或许，我们可以借由科学探究的阶段论来加以检核：发现问题→提出假设→实验求证→形成结论。其实，理论本来就是通过不断实践、不断讨论的“经验”加上自己的观点而形成的一套说法。写作最关键的是关于写作过程的整体觉知，也就是从知道写作对于思考的重要性，到真正有意识地察觉自己在写作表达上的困境，最后动笔写作并且反复修正。当一个有意写作的人了解了这个系统性训练过程，他就已经在前往写作的路上了。

我尝试用作家小野的一段话，来诠释写作时需要不断辩证及修改的过程："生命最可贵的地方是我们在逐渐的老去中不断有最新的发现，这些发现都要经过怀疑和反抗的过程。"

请你开始写作，开始为生命留下记忆，为生活保存姿态；待年华不在，留得老年时细细品尝，回忆流金岁月的点滴。涓滴要汇成大海，得从现在开始……

17 大家来找茬

下面我们来看一些经过同行批阅的作品。同行的观点，或许不如专业写作者的有深度，但是他们提供的视角，让彼此在思维及写作上，都有所激荡。

题目一：

请问在你与父母亲相处的过程中，让你印象最深刻或感动长存的经验是什么？可能是深夜回家一盏为你留着的灯，也可能是一碗热腾腾的汤面伴你熬夜读书的时光，又或者是那辆脚踏车，假日时让父母与你得以成为天涯游客……请你以某个“事件”或“事物”为全文的主要引线，由它来串起你和父母的情谊，题目自定，文长不拘。

风筝

钟咏圣

小时候，总爱追着风筝，仿佛追着梦想一般。风筝又高又远，虽然遥不可及，却有着追寻的乐趣与饱含希望的况味。

这句让人很有共鸣。（林传瑄）

那个夏日午后，在一个空旷安静，风呼啸而过的平原上，我努力地想让风筝起飞，无奈技不如人，不论我是如何的绞尽脑汁，风筝都飞不起来。说到这风筝，可是我费尽心力亲手做的。我先是找了后院几根被丢弃的竹竿，用铁丝固定住；再去文具店买些纸，画成我认为最酷的图案贴上去；最后偷拿爸爸的钓鱼线当成拉线，风筝就大功告成了。

为何是绞尽脑汁？应该是试了很多次，用尽各种方法之类的。（王想裳）

可能是我想得出神，以至于没注意到身旁多了一个人，他拍拍我的肩膀说："你的风筝重心不对，所以飞不起来，要稍微修正一下。"说话的竟然是爸爸，我愣了一下，心跳似乎瞬间停了一秒钟，他应该发现了吧！我偷他的钓鱼线来玩，还谎称要买东西，却跑来放风筝。

但是爸爸连提都没提，只是和我讨论如何能让这风筝飞起来。其实，我很少和爸爸一起出来玩，周休二日时，我只会窝在家中睡觉。没料到一纸风筝，竟让我们的关系有了联系。

清楚交代了风筝让自己与爸爸更熟悉了。(林振毅)

第三段最后说有了联系，感觉是长久的，改变了现况的；但第四段又说回忆模糊得什么都不剩，有些突兀，好像放风筝这件事的力量还不够强大。(林传瑄)

上了高中之后，由于在外地读书，我和爸爸连碰面的机会也不多了。因为通勤上学的关系，我常常天刚亮就出门，晚上补习完回到家，都到十一点了，假日时我会跟朋友相约打球、逛街，与家人的交流越来越少了。今晚，我仍是就着月色进家门，换完鞋，抬头看见角落边有个熟悉的橘色东西躺在回收篮里，往前走近一看，竟是那年夏日的风筝。我努力地追想那个甜蜜的回忆，在那个起风的下午，却模糊得什么都不剩了。

使用拟人法，很棒。(陈品宏)

风筝是作者与父亲关系的桥梁，有了它，彼此之间的情感才有了联系。而现在儿时的回忆早已随着时间渐渐淡去。(王子安)

评语　大人的视角和平辈的视角果然不同，借由“同行反馈”可以看到同年纪的人在思想及语言逻辑上的碰撞，作者这篇文章，以细节说故事，平易近人，却很动人。

题目二：

许多事件的发生、物件的存在都有它的意义。日常生活中，有太多物品唾手可得，使我们失去细细观察与认识它的机会，进而忽略了它的存在。请你就日常中的“物件”，任意选择其一，写出你的观察、体验、体悟，文长短不拘，请自行命题。

手表

戴士翔

晚上睡觉的时候，嘀嘀嗒嗒的声音在耳中弹跳，像是小跳步，又像是在赶路，是让人紧张却又感到安心的声响，那是时间的声音。时间，看不到形状，摸不到形体，但听得见声音。它以一种轻快的步调往前进，在蜻蜓点水式的声响背后，可以感觉到那种一去不回头的冰冷。在齿轮与齿轮的摩擦之间，指针与指针的交错之处，将时间以声音的形态，数字的模样表现出来的，是手表。

将时间描述得很到位，让人得以跟着作者的形容而随之心情起伏。（林传瑄）

时间消逝之感非常强烈。（林妕瑾）

最后才点出题目“手表”，很巧妙的布局。（王想裳）

时间以直线方式不断地前进，然而手表的运行却是圆的，从一到十二，从零到六十，长针与短针相互追逐所画出来的轨迹如同地球的

直线与圆对照，作者的观察很细致。（高筝）

运转，天体的东升西落。忙碌的现代人重复地过着千篇一律、枯燥无味且汲汲营营的生活，手表的形状意义或许就是在讽刺如天竺鼠在滚轮里不断奔跑，却总是回到原点的现代人吧。

以时间的流逝和手表的运作讽刺现代人的生活。（陈军翰）

一直以来，我都是不喜欢戴手表的，挂在手上的那种束缚感以及嘀嘀嗒嗒的声响像在逼迫着我，要把握时间。对于手表，我总是怀有一种恐惧。当它在运转时，我可以清楚感觉到自己的生命正在一点一滴地被消磨，而那些被磨损的生命碎屑如同巨大计时沙漏里的沙缓缓流泄而下，而且不可复原。当它不运转时，不知道今日是何日，今夕是何年的无知又会幻化成另一种形态的压力朝我席卷而来。许多设计师将美感融入手表的设计之中，试图将它的存在变得和善可亲。而价格高昂的手表则让人有种钱可以买到时间的错觉。在这样荒谬与误解的不断堆叠之中，手表的意义变得暧昧不明。

可以清晰表达自己不喜欢戴手表的原因，思考很精细。（林振毅）

现代社会里，手表的意义已模糊与偏失。（陈彦君）

对于手表如此恐惧的我终究还是得戴上它，由于从来都不注意时间，使我吃了许多亏。考试作答时间分配不均，赴约迟到甚至把面煮烂，没有手表，生活上会有很多不便。我的手表，闪着银色的金属光泽，八角形的外观，取代一到十二的数字，表面上写着各自的英文字母，沉甸甸的重量给人一种安心感。从前对于手表的恐惧被名为便利与时间管理的一阵强风吹散。有了它，我不再迟到；有了它，考试变得顺利；有了它，我不用再吃到软烂的面。手表让时间的轮廓变得清晰可见。手表在我心目中的地位与意义也在逐渐改变，它可以是可怕的敌人，也可以是可靠的伙伴，试着接纳，不要抵抗。手表的指针如同罗盘，在庞大的时间之海中，有了它，我不再迷失方向。它让我理解了，虽然我们无法让时间停止，却可以通过规划，让流逝的时间变得充实。

> 轻快的指针给人时间流逝快速的恐惧；而手表的重量又给人一种安全感。因着那份重量能让人觉得自己拥有时间，并非空空如也。（李宜婕）

> 我们无法改变时间的流逝，但每个人拥有同样的时间，如何善用，就看自己如何与手表上的指针相处。（林姎瑾）

手表的美妙之处还有很多，没有手表的人，或许也可以让自己试着拥有一只，相信会对生活有不一样的感受。

评语　将具体的手表与抽象的时间两相交融，一边记叙，一边议论。其实，这并不是一种容易处理的写作手法（从文中偶见前后逻辑未能通达的地方），但作者的尝试，看得出他在布局及构思上的用心。

题目三：

生活中存在着许多有形、无形的界线，它们巧妙地在社会里建构了万物生存的联络系统。请你以“界线”为题写下你个人的观察、想法，文长短不拘。

界线

陈文骥

街道上，交通信号灯以红、绿、黄三色清楚告知了行人与车辆行进的先后次第；正在施工的场地也有黄底红字的封锁线，提醒人群危险勿近；案发现场则有用以标记事情发生当下的相关地理位置的标记线。生活中，是不是随处可见有形或无形的界线呢？甚至，人与人之间也有一条无法以肉眼看见的分际线，有人称之为隔阂或者是鸿沟。然而，究竟界线所代表的，是什么样的含义呢？

界线，是具体的，也是抽象的；是局限束缚，也可以是指引向导。在我看来，界线具有保护作用，它使人与人之间不因逾越了分际而产生纷争。界线无处不在，大大小小，纵横交错地构筑了人类生活的网络。

如果先提问究竟界线是什么？然后再自答自问接下来的词句，比较能吸引读者看下去。（林传瑄）

万物之间的生息，皆仰赖界线的帮助，而使整个生态系统不至于崩毁瓦解，例如：北极熊是生长在北冰洋附近的一种特殊生物，而它们为什么不会出现在低纬度，甚至赤道附近的地区呢？北极熊耐寒不耐热便是它天生的界线，虽然也因此限缩了北极熊的生长环境，却也使各生物间出现了平衡，万物得以依循着自然法则的界线生活下去。

界线的存在，美其名曰是条安全与保护的绳索，但生物们面对这条"限制"的警戒，也会有反射行为，这便是"突破"。他们或许心想：跨越了这条线后，会有什么？有没有更丰富的食物、更适宜居住的环境呢？一如校园里，条条生硬的校规底下，是许多不安定灵魂的蠢蠢欲动，亟欲突破界线，闻嗅名为自由的芬芳气息；又如大树的树根为求更为宽广的生存空间，硬是将厚达数厘米的沥青路面撑开来，将树根狂肆地蔓延出去。所以，生物课程中曾提到"生物演化"：当环境安逸时，物种之间顺着自然和谐共存；但只要环境变得恶劣了，被淘汰

界线是一体两面，具有存在的意义，但也是一种枷锁。如果能突破界线，就会与众不同，蜕变成先驱者。（黄震嘉）

掉的往往是固有保守的物种，而能适者生存的，却是整体中与其他物种不尽相同，能突破界线，蜕变有成的物种。

于是，界线有了正与反的不同价值。有了界线，世界能循序渐进，维持在一个安稳的轨迹上前进运行。但划定了范围，不代表完全不能超越及突破，或许跨越之后，能见到另一场“柳暗花明又一村”的风景。

界线有好有坏。界线的好，使社会开始有了规范，有了原则，能促进和谐、安稳；界线的坏，使人束缚，失去了活泼性。唯有选择突破，方能向前迈进。（欧祐均）

整篇文章讲述自己跟界线的联结有点少，大部分在对界线下定义，但不得不说写得很生动。（林传瑄）

评语　以论述性的笔触来表现作者对于界线的观点与看法，是值得嘉许的知性思辨型作品。不过，因为界线的范围很广，可以具体也可以抽象，作者对于界线想谈的观点颇多，但多数是浅尝辄止，颇为可惜。建议可以针对某一观点“小题大做”，这样会更聚焦。

题目四：

从前，“慢”是成事的基础，好汤得靠慢火炖煮，健康要从细嚼慢咽开始，“欲速则不达”是孔子善意的提醒，慢工出细活更是质量的保证。总之，一切慢慢来！快了出错划不来！现在，“快”是前进的动力，有方便面就不怕肚子饿，有地铁、高速铁路就不怕塞车，有宽带就不怕资料下载中断，有快递就不怕礼物交寄太晚。身边的事物都告诉我们："快！否则你就赶不上时代！"不同的时代总有不同的想法，但"慢"在今天是否已经过时？"快"在今天又是否真的必要？

阅读完以上引文后，请你就"急与慢"进行写作，文长短不拘。

急与慢

叶羽岚

"急"和"慢"，本身是没有优劣比较的字，然而，人们的行为往往使这两个字有了或贬或褒的注解。

只有"行为"吗？人们先入为主的成见，也给"急与慢"贴了褒贬的标签。(萧沛欣)

"急"，是做事快、反应灵敏，也是冲动和鲁莽的诱因。在这个分工精细、牵一发而动全身的快速社会里，即使身为市井小民也必须日理万机，小至柴米油盐的价格调涨，大致国际局势的现状和动态，在如此庞大的世界架构之下，如何能优哉度日？于是，"急"成了必然的方式，信息给得急，人们交流得急。"急"，是为了跟看不清、摸不着的时间赛跑；"急"，是为了安顿眼前的繁务以换取日后未知的清闲。人们被逼急了所以练就一身超人本领，却也在“急”中，失去心灵的平静。

“慢”，是深思熟虑、安步当车，也是寡断和延宕的代名词。欧洲人喜欢以轻松、缓慢的步调看尽生活中的风光美景，因为“慢”，从而有许多余裕去理解、分析微小的事物和道理。哲学、美学的勃兴也无非是因“慢”而生，但有时，这种“慢”太过平淡，无法成就一时功业。“慢”也许能积聚成湖，却无法激涌出浪花。急和慢，虽是互相对立，本质上却是相依而生。我们不可以一味追求迅疾，否则容易招致精神上的死亡；我们也不可以太过缓慢，不然，我们的进步也会因而迟缓。所以，最好的处世之道，该是学习如何“取舍”。在追求成功、进步及学习的路上，我们要求知若渴，急于上进；在面对困境、欣赏生命之美时，我们宜细细品味，慢慢顿悟。

结构有条理，二、三段采用了对比手法，对立的论点有理，分述恰当而清楚，但建议可以多举些亲身的例子。（萧沛欣）

“急”与“慢”本无高下之别，如何在两者之间取得平衡，找到和平共生的双赢局面，才是睿智的抉择。生命之所以多姿，生活之所以多彩，不就是在天地运行间找到顺适的节奏吗？

评语　“急”与“慢”是双向题，在论述时，可以正反对比立论，也可以并提论述，借由双向换位的思考，可以激发思辨的广度与深度。

题目五：

每一种事与物的存在都有它的意义与价值，木棉花以一身的质朴绽放灿亮的花朵；向日葵不畏炽热，抖擞一身的黄，迎向阳光。而你呢？是否曾经考虑过存在的目的与价值呢？请以“存在”为题，完成一篇首尾具足的文章，长短不拘。

存在

徐祖堂

笛卡尔说：“我思，故我在。”俯仰于世，我思想，所以我存在；我观看，所以我存在；我聆听，所以我存在；我嗅闻，所以我存在。因为我的存在，所以这个世界才存在。

人生就像是一场高潮迭起的舞台剧，从出生那刻开始，集编剧、导演、演员于一身的我们即开始马不停蹄的创作与演出。而人生这场戏是部没有中场休息的连续剧，它只有一个句

中场休息的定义对每个人而言都不同，作者的说法有点武断了。（刘语芊）

点——谢幕的那刻。所以负责掌控全局的是自己，无法假他人之手。是要创造出一部经典好戏，还是随便出演一部肥皂剧，都取决于自我的作为。但庆幸的是，这场因我存在才能扮演的戏码，一切布景或装置皆可以任何的模样呈现，只要是我认定为美的，即是最美，我有最大自主挥洒的权力。于是，个人的存在成了生命举足轻重的关键。但是，舞台上再怎么优秀的演员，总有踩进其他人舞台的时刻，彼此交集之处，是模糊的灰色，是笼统的黑，还是鲜艳的黄……就看编剧、演员、导演如何通力合作了。

编剧、演员、导演都是自己，要如何通力合作？（林传瑄）

古今中外的历史上，有许多人演出了极为灿烂夺目的人生舞台剧：史怀哲博士燃烧自己的生命照亮黑暗大陆的人民；马丁·路德·金博士义无反顾地肩负起消弭种族歧视的大任；丘吉尔一手阻拦纳粹的野心。他们在自己的舞台上发光发热，获得极大的成功，而他们也确确实实发挥出个人存在的意义，并充分与其他人的存在不断地交集聚合；他们能够认知到个体“存在”的意义不该是独善的，而应能够兼善于群体，以发挥最大的效用。

人的生命就像一场戏，到结束前的一刻，都是由自己操演，可能是一场灿烂的表演，也可能是一场乏味的戏。有时候，踏入其他舞台可能使自己的角色扮演更为复杂，而个体存在的意义就在于兼善、包容。（陈品宏）

生命倏忽即逝，我们存在的意义可轻如鸿毛，亦可重于泰山，就看你如何进行抉择与编排了。

评语 存在的意义与价值是极为个人的，并且有很大的差异性。作者说生命的真谛在于：如何让集编剧、导演、演员于一身的自己，有精彩的创作与演出，此实为智慧之语。

题目六：

请你为某种常见的或你种植过的花草树木，来一段细腻的温柔记事吧！除了叙事、描写外，也可以写下你和它之间的情感流动与观照，或是你从中领悟到的道理，又或是你的观感。题目自定，文长短不拘。

猪笼草

陈昱铨

不起眼地挂在窗台上，那口袋子装载着许多烦恼和甜蜜，随着风不停地摇摆进了回忆。

夏天，热焰烘烤着都市，也将人们的不耐烦沸腾到了极点。火爆的气息随着风吹进书房，愤怒被笔深深地刻在纸上，然后精疲力竭地应声碎裂，横躺在书写一半的文章上。起身，走

愤怒要如何应声碎裂，这里写得并不具体。（林育丞）

向窗户，想感受清风带来的舒缓的气息，但拍打过来的炙热，却加剧了烦躁的烈焰。

“要去花市了，还慢吞吞的，快下来。”老妈吆喝着，将气氛炒得更加火热。

一家人来到花市，我原本是眼睛微张并以不屑的态度应付花市的走晃，但是强力放送的冷气，外加那片绿意中点缀着七彩的景象，却让我睁大双眼。老妈说我可以随意带一盆中意的花草回家。我，走走停停，拿起放下，心中犹豫不决。突然，我被一盆盆绿油油而样子怪异的猪笼草攫取了目光，荡漾了心神。我停住了脚步，

我不时呆望着挂在窗台上的猪笼草，仿佛是夏日沙漠中见到一畦绿地般，抑或是那袋子具有神奇的魔力，总觉得，炙热难耐的蒸腾热气，都被收服在神奇妙袋中，顿时，厚重的空气轻盈了许多，心情也沉静下来，又有动力提起笔继续未铺写好的文字。

偶尔，我会去玩弄装着淡淡香味的袋子，测试它是否如传闻中的厉害。有时可以在里头巡见战败者尸体，猪笼草吸收其养分并且化

十分生动。这段把抽象的感受具体化，写得很美，将梦想及各种意象结合在一起，很厉害。(萧沛欣)

场景好像转得太快了。(侯仲文)

为己用。这提醒着我，不要限于先天的不足而放弃努力。虽然，自己无法像它一样可以战胜残酷无情的大自然，反抗被人习以为常的铁则，进而活出自己的一片天；但是，它的态度值得学习，希望自己也不要被规则所淹没，而成为独占鳌头，称霸一方的人。

评语 在盛开的芬芳中，猪笼草不是那么耀眼的存在，但作者独具慧眼，让猪笼草的形象跃然纸上，活灵活现，极为传神而逼真。借由猪笼草，想象每个平凡的你我的梦想也能装进囊袋里，在里面酝酿；尔后，散发出诱人的芳香。

题目七：

马丁•路德•金博士的梦想是希望有朝一日在美国的土地上，能看到各种肤色的人种平等且和睦地共同生活，一起奋斗。请问在你的心中是否也有一个梦，它的愿景内容是什么？请你以“我有一个梦”为题，完成一篇首尾俱足的文章，长短不拘。

我有一个梦

戴士翔

那是铭刻在骨子中的想法。每当面对文字时总听见它们在低声呼唤，蠢动着，摇曳着，有时又是高声呐喊，激昂又壮烈，像一个个准备上场杀敌的士兵，只等将帅下令。我有一个梦，那是想要成为以书写为职志的梦。

每看一本书，就有一股蠢动在血液里奔腾冲撞，为了排解这股难耐，我书写，一些无从表达的情感通过笔尖而宣泄。握着笔，血液再度骚动起来，通过文字我的满腔感怀像是随时要喷溅出来，却在下笔之后，失望而迟疑。失望文字与思想仍有着距离，迟疑自己似乎对于文字的掌握还不纯熟，那满溢胸口的热度，此时茫然离散。虽然曾经迷惘、曾经困顿，想从此歇笔，但望着满桌上长短不同、颜色各异的笔时，我便想起曾经借由磨损它们而换得写实生活的点滴，笔的墨水好似我的血，而笔杆则是手指的延伸，他们戮力并耕，一字一句累积，一铲一铲回填我逝去的岁月。

血和手指如何并耕，这样的比喻不合逻辑。（薛有靖）

每页，都在描绘生命的轨迹，勾勒一个又一个即将消逝的此刻。时间流转，借由书写我看到自己存在的身形更为具体。曾经的我，过分雕琢字句，矫揉造作且为文造情，每字每句都透露着我的虚荣，铺就了无新意的轨道，自认为今后将顺遂地通往作家之路，却不知在何处终于脱了轨、翻了车、着了火。那火焚去我矫饰的外壳，油腻的修辞，进而淬炼出一个全新的我，无须赘饰的我。现在，豪情壮志已然消散，不求可以摆弄文字，只求成为它们之间的润滑剂。不再披挂冗词赘字以为美观，褪去一切虚假，我回归原始。那股欲望还在，那个梦依旧持续，但拿起笔时奔流在全身各处的冲动变得平稳而强劲。回顾那些狂野、浮华，它们缠绕成一捆丝线，由沉静织作梦网，将我轻柔环抱，在我耳边低声吟唱：我有一个梦，那是想要成为作家的梦。

让人想吐槽，此段文字太过煽情，可再精简一些。（薛有靖）

评语　梦想很丰满，现实很骨感。拥有梦想很容易，坚持梦想不轻松，坚持不懈才能让努力开花结果。文字灵活而真诚。

题目八：

人生于世总会拥有许多的信念，有些是你笃信的；有些是你曾经不相信的或不尽相信的，经过岁月的淘洗后，你可能改变了。请以“相信”为题，完成一篇首尾俱足的文章，文长短不拘。

相信

周翰

孟子说：“人性本善。”我，自小相信善良，即使邪恶再怎么无孔不入，随意入侵，也无法取代人的善良本质。人走得再偏也有浪子回头的一天，即使黑暗笼罩世界，也熄灭不了我手上的烛火，我一直认为善良活在每个人的心中。言善、行善是我的行止准则，而能够启发他人的善心，更是我努力的方向。

善良是一颗容易被黑暗所覆盖的种子，当权力、金钱和声望铺天盖地袭来，我们能够让善良屹立不摇吗？七月份的一场官司让我啜饮世间冷暖，我惊觉善良不必然等于胜利，种种的真相与内幕撞击我曾经坚信的价值。社会上

官司？未清楚说明，令读者产生疑问。（萧御）

某些名为正义的化身，背后往往隐藏着腐败的罪恶，善良的小树终究无法抵御邪恶洪流的冲刷，一株随着一株倒下。多数人清楚明白这些景况，却仅是姑息与妥协，日复一日，年复一年。

但是，我相信善良的种子总是存在于心中的，只要持续地浇水，努力施肥，它终有破土而出的一天。善良的信念，让我挺身而出，与其苟且偷生地低头，不如昂首面对黑暗。正义是我的武器，善良是我的盾牌，在黑暗与光明的攻防之中，打一场仰不愧于天，俯不怍于地的战争。

题目是“相信”，却多次提及“善良”，让人对作者在题目的理解上产生怀疑，无法精准契合这个主题。（萧御）

孟子人性本善的信念，竟影响我如此深远，也给了我继续前行的动力。前方的路或许崎岖颠簸，荆棘满布，但我仍以无畏的态度面对，因为善良的种子早已在我心中萌了芽，据了地，我相信它会引领我走向光明的彼岸。

善恶相抵。善与恶不是绝对值，只有你才能定义它。若那是对你而言的正义，就尽管贯彻到底吧。所谓活着，就是那么一回事。但是不要忘了，人会为了自己的所作所为付出代价。（萧御）

评语　此文题为“相信”，不过通篇在谈论自己的信念“善良”终能枝繁叶茂，如何让“相信”与“善良”两者更能紧紧扣合，是写作布局结构时该细加思索的。

题目九：

温柔之必要

肯定之必要

一点点酒和木樨花之必要

正正经经看一名女子走过之必要

君非海明威此一起码认识之必要

欧战，雨，加农炮，天气与红十字会之必要

散步之必要

遛狗之必要

薄荷茶之必要

……

症弦《如歌的行板》

请问在你的生活中、生命里是不是也有一些必要呢？请你以“生命中的必要”为题，书写你的必要及种种看法与见解，文长500字左右。

生命中的必要

杨承烨

手心朝下，再轻轻地松开。

放手，看来是再简单不过的事。当你拾起了某样东西，移到了眼前近看，惊讶地发现它只不过是一样废物、一样你根本用不着的物品，在记忆中丝毫没有它的存在价值与意义，你会怎么做？我想只是慢慢旋开手指的关节，任由它从手中滑下，无情、眼睁睁地目睹它的坠落——直到地心引力的牵扯使它撞击地面，传出讽刺却又脆耳的铿锵声。

放手多简单，就有多虐心。（李元祺）

然而，在生命的历程中，放手，却是必要却也最难以实践的。

放手，代表着记忆中的遗忘，却也标志着记忆的再造与更新。人生中，往往会遭遇到令人沮丧，又难以抹去的经验——友谊被误会冲淡，意外的糊涂造成的尴尬……无一不像白色墙上的红色蚊子血，总是微不足道，但又如此碍眼，难以淡忘。

比喻让人很有感触。（郑泓文）

而死亡，是最难的放手。

死亡，每每蹂躏着回忆。尤其是亲友间的天人永隔，听闻死讯，对于他的一切便会从心内窜出，往往令人心痛不已。而面对死亡，并且放手，又是另一种伤痛。如果放不了手，让我们的身体囹圄在记忆之内，灵魂仿佛也被囚禁在牢笼之中，无止境地缠绵于梦中，眼泪也

让我想起人生中的生离死别，那种再也见不到的伤痛。（林姎瑾）

会没日没夜地倾泻。倘若跨不过哀伤、熬不过大难，则无法踏入下一个人生阶段——所以我们要学会放手。

放手吧，忘却了悲、怒、依依不舍的旧情。生命中的种种总会随着年龄更迭而消逝。而唯有放手，才是生命的必要，我们所必须学会的必要。

痛苦使人畏缩，却也能使人强大。在人最初的本能里，人因痛苦而追求舒适。但活着本来就是痛苦的。死了就是死了，发生的事实不会消失，人生也不会重来，或许遗忘可以切断痛苦，但是，遗忘不是真正地放下。（萧御）

开头很吸引人，但论据不够完备，缺乏说服力。论点最后以例子引出，点题有点太晚，虎头蛇尾的感觉。（萧御）

评语　“圣上忘情，太下不及情，情之所钟，正在我辈。”人之异于万物，正在于有情，因为有情，才生嗔痴悲喜。要放下，着实不易，但正如作者之语：放下才是前行的动力，放下更是一种生命的必要。全文有浓郁的哲学思辨的特点。

题目十：

喧哗是一种热闹的欢快，而静谧可以是一种独舞的自适。请你就“喧哗与静谧”为题进行写作，文长短不拘。

喧哗与静谧

戴士翔

窗外是一条大马路，斜对角的小酒馆正传

来嘈杂的声响，不是划酒拳的吵闹声，就是"三字经"的声音。大马路左边有一个用红色铁皮围成的简陋废铁场，整天嘎吱作响，又打、又撞、又闹；右边是机车行，老板最常做的便是测试引擎的好坏。门口那条巷子，猫发情，巷尾情侣吵架闹自杀。拐个弯便可以听见大婶用地地道道的方言骂街，隔壁野狗打架，楼下洗衣机砰砰作响。晚上的我家附近，喧哗中。

好有画面感的文字。（陈军翰）

母亲的缝衣针忘记收进针线盒，滚落带有斜度的桌子，叮的一声响彻房间。一只蚊子扇翅，宛如雷鸣，连出汗的皮肤蒸腾着热气的声音都听得一清二楚。空气宛若凝结成块，僵硬地堆积在我的四周，如披头士的音乐震动我的耳膜，如同浸泡在深不见底的黑色海水之中。晚上的我房间内，静谧中。

此两段文字的结尾，以对比的方式描述。（高箏）

开门，与外界联结；关门，抽离自我。我在喧哗与静谧间游走，抽象式的、漂浮式的通勤行为。心所处的位置如同阀门，调节喧哗与静谧的浓度。我结庐在人境，但有车马喧。夜半时分，汽车仍在马路上怒吼，警笛仍在闪烁并呼啸而过。

路灯睡了，废铁场睡了，人们睡了，月亮睡了。一屋子的静谧醒着，并大声鼓燥。夜是静谧的领地，它所居住的王国叫作喧哗。喧哗是一座城，里头睡着静谧。

边读着这篇文章，一边想象自己也在作者书写的场景中，发现自己也经常在静谧与喧哗间游走。当门外嘈杂的声音充斥整个空间，进到房内却被静谧吵到无法入睡。然而却也是静谧保护着我。（王馨镁）

你问我何以在这吵闹的环境中保持安静，你问我隔音设备花了多少钱。我邀请你进入喧哗之城与静谧同住，拆解包在它身上的矛盾与谬误。我建议你有空不妨去读读陶渊明的饮酒诗，或去看看赫拉巴尔。你跟我说你浸泡在喧哗之中，没有空闲也没有心力。我回答你这么一句话：“心远地自偏。”

引用陶渊明之诗句，说明如何让自己在喧哗中保有静谧。(魏羽柔)

评语　有句流行歌词这么唱：孤单是一个人的狂欢，狂欢是一群人的孤单。喧嚣与静谧，不在世俗时空的变化，而在自我心境的造化。本文作者对于喧嚣与静谧有真切的妙喻，活生生的日常真实，如在眼前。

18　好文共赏

题目十一：

什么样的等待让你心甘情愿耗尽心力也甘之如饴；什么样的等待让你烦躁难耐焦躁莫名？如果有篇作文题名为“等待”，请你从“立意取材”的这个面向，想一想可以确立哪些写作方向，并选取哪些材料元素来写作呢？请你写出三则示例。

参考：

立意：父母对子女无尽的爱（亲情写作）。

取材：母亲晚上不倦地等待晚归的孩子回来。

立意：等待时的种种忐忑与臆测的心情。

取材：成绩揭晓前的漫长等待。

立意：循序渐进的等待是必然的过程。

取材：种子萌芽，茁壮成长为大树，等待植物春华秋实的漫长过程。

等待

杨贺媛

天空一片漆黑，空气仍是冻得令人直打哆嗦的温度。凌晨三点多，一个个穿着厚重外衣的身影，穿梭于平台上，以一双双带着兴奋的眼，定睛瞧着东方，等待划破黑幕的那道鱼肚白出现。老妈妈坐在沙发上，漫不经心地让眼睛随着不断变换的电视画面而移动，但却将耳朵竖得高挺，等待电话响起，传来爱子的问候。生命中，生活里，我们常常等待，也可能时时被等待。因为未知，等待有着美丽的遐想，但不尽然全是快乐的结局。

我曾经那样等待。一个阴霾、乌云、寒风笼罩的冬日，我蜷身在图书馆，为了考试进入最后的准备，戴着耳机，企图将自己隔绝于一个独立的时空，完全不受干扰。后来，肚子有些饿了，打算搜索书包，进行食物补给，无意间瞥见手机上有十余通未接来电的显示，心想这么紧急的索命连环call，到底有何急事呢？仔细一看，全是家里打来的。我的心颤抖得厉害，脑里充斥各种胡思与乱想，回拨电话时，早已口齿不清，语焉不详。混乱的思绪充满脑门载着我到达医院，满脸泪痕的妈妈说："医生表示阿公的状况已经不太好了，要我们随时准备。”我冲到病床前，拉起阿公的手，轻轻唤着，告诉他我来看他了。阿公似乎听到我的声音，睁开眼睛看了我一下，随即又合上了眼，眼角流出一滴泪。泪沿着脸颊慢慢滑下，早已无能为力的阿公，对于一滴泪，连拂拭都显得困难。

亲友陆陆续续地来探望，走动的人群无法舒缓空气中那沉重悲伤的气氛。医生叮嘱我们回家准备些东西，我看着妈妈，她竟完全无动于衷，仿佛魂魄离了身一般，只是双眼直视着阿公，生怕一转瞬，他就要消逝似的。我知道我们都在“等待”，等待什么？等待不愿面对的真相的到来。

一直以来，我总是欢欣于等待这件事，等待新年的到来，可以领红包；等待考试成绩的宣布，好与我的努力进行对照；等待下课铃响，我心仪的那个男孩，可以走过我的窗前。我是那么殷切地，以一种类似朝圣的心情“等待”生活中即将发生的事。无论等待过程是漫长或短暂，结果总会翩然降临，我一直是这样信仰着。可是，此时此刻，我却想永无止境地等待下去，一次完全不期望结果到来的等待。

望着阿公，时而平静安详仿佛仅是沉沉睡去，时而又因癌症忍受剧烈的疼痛，我们这么多人却那么无力，再如何心痛，却只是伫立病榻前，等待时间的流逝，等待阿公增强与生命拔河的力道，等待老天的垂怜，多给些时间。我知道，任何一桩故事的结局其实早已写好，也站在未来的某处等着与我们相逢，但因为未知，我们怀着一颗惊喜与期望的心，向未来走去。只是，如果这是一场已知结果的哀伤谢幕，我们又该如何一步步地向它走去呢？这是第一次，我希望永远不要天明，我愿意在漫漫长夜中，无止境地等待下去。

评语 走过生死的幽谷，经历生死的离别，终于明白，原来放下与放手是那么不易。于是，乐观地信仰着奇迹与幸福，成了对于未知生活的一种绮想，也因着这样的绮想，生命有了前行的动力。此文，让人读着读着，眼眶湿润了。

题目十二：

回忆起过往的点滴时，许多潜藏心中的“来不及”便悄悄浮现，来不及和分别的朋友好好叙旧说声再见，来不及和曾经帮过我们的人亲自道谢，来不及和每个同学拥抱就毕业了……如果有机会让你跟已然错过的朋友或亲人说声“谢谢”或“对不起”，你会说什么？请你就“谢谢”或“对不起”这两个主题选择一个，写下你想要致谢或致歉的故事，文长短不拘。

对不起

朱恩言

在每个独处的深夜里，只要想起她滴滴答答的眼泪，我那来不及的歉意又涌上了喉头。

第一次见面就看她不顺眼。瘦弱的身躯，黝黑的肤色，在人群中显得古怪而格格不入，加上玻璃般易碎的敏感性情，让我即刻视她为眼中钉。

小学生的恶作剧把戏天真却又残忍，成群的排挤和幼稚的言语，让我在孤立她的过程中尝到一丝带血的快意。温和而无助的她，总默默承受着我的攻击，直到委屈像泄洪般由眼眶溃堤。我永远忘不了她哭泣的背影，小小的身躯剧烈起伏着，仿佛要在悲伤间寻找可呼吸的一息氧气，她用手臂环住自己，把头埋进寂寞中，像要把自己隐藏一般地瑟缩在角落。看到那样的场景，我竟然涌起一股怜意，几乎要上前安慰、拥抱她，但我知道我没有立场，因为自己正是那个使她伤心的元凶。她的眼泪映入眼中，滚滚地刺痛了我的心。

后来我长大成熟了些，停止对她的攻击，却迟迟说不出一声“对不起”。直到毕业那天，好不容易鼓起勇气想寻找她时，才发现她已随家人远赴美国，不再回来。我常想如果当时勇敢些、成熟些，一切是否不会只剩下绵绵不尽的悔意，流过我每条成长的路径，哗啦啦奏着来不及说出口的一句“对不起”。

评语 我们在别人的故事里流下自己的泪，常常是来自于共鸣与召唤。作者的心声是每个走过幼稚与青春的我们，都曾有过的体验，所以阅读完后，会莞尔一笑。

题目十三：

对于时间，有人珍惜，也有人咒骂。时间到底是良善的，还是邪恶的魔术师呢？这在于你如何看待及运用了。时间对于你而言，具有怎么样的意义呢？你是否从来不曾注意过它的变化？请以“时间”为题完成一篇首尾俱足的文章，长短不拘。

时间

钟政元

时间严谨的内在结构中有细微的错乱。知道它们的去处，知道它们隐去和浮现的刹那，但是它们浮现的感觉总是与期待不同，它们更柔滑也更清晰。你明知道它们的位置，却依旧为它们的突然出现叹息并且无所适从。然而我也只能叹息，时间的河流不会因为我叹息的回音泛起一丝细碎的涟漪。它只是流着。

曾经，我怀疑“现在”。何谓“现在”？我们所认定的“现在”在下一秒早已是身后的历史。面对“瞻之在前，忽焉在后”的“现在”，我感到迷惘。于是，我接纳了父母奉行的真理，我不再理会路旁的小花小草，我将眼光放在那未必真实，却令人引颈期盼、心花怒放的“未来”。然而，发现所做的一切为的竟是十年，甚至二十年后的美好人生时，我无法从中获得喜悦，只有令人窒息的疲倦。我发现我无法脚踏实地，我早已成为一位焦急的旅人，追逐着脑内的海市蜃楼。终于，我累了。我停下脚步，却看见人生最美的风景。校车上司机的亲切问候、早餐店冒着蒸气的包子、同学的有趣言行、老师的谆谆教诲、走廊上的麻雀、一个切入上篮、一个队友嘉许的眼神、一抹浓艳的夕阳、一个温暖的家……原来以往盲目追寻的美好竟然不在遥远的未来，而是在此时此地，我却是早已无法言语，只能任凭欢欣的泪水，爬满脸颊。

尔后，我把每一个日子当成一首“绝句”来经营。绝句之绝，在我的字典里，它是绝无仅有、独一无二的意思。因此，今日，永远是时光激流中的孤岛。是要将它布置成天堂？还是囚牢？还是岁月追杀的战场？夜晚，梦寝中漂流一夜醒来，寂灭的昨日，几乎不留一星泡沫，我又抵达另一座新的时光之岛了！时间，是一种过程，隐隐约约、有形无形，在空气的流动中留下它的足迹。发丝的飘动，衣襟的翻飞，你说你想留下，时间只会笑你傻。花开花落、四季递嬗、水过无痕，面对时间，试着学习洒脱，才能拥有天高地宽的开阔，以及花开花落的自然和淡然。

评语　关于时间这样抽象的命题，作者的描述非常精细、传神而到位，又能启动哲思。例如：“今日，永远是时光激流中的孤岛。是要将它布置成天堂？还是囚牢？”作者不明说，待读者细思量。

题目十四：

走进你生活的人，不一定会让你用全部生命去爱，但毕竟是与你有深缘的人；走进你生命的人，可能与你缘分很浅，却能让你永生难忘。在你生命或生活里，截至目前，有没有那一个人，可能是至亲朋友，也可能是陌生人，他对你而言有许多意义，让你感怀或是反思呢？请你以“那一个人”为题，通过叙事、描写、议论、说明等手法写作，文长短不拘。

那一个人

施颉笙

他曾说：“花开的时候，是有声音的，但凡内心不平静的人总难听见。”

在他离开后的那天，我听见了。一朵花的绽放，与一个人的生命去来应该是相同的，徐缓地打开，总祈祷着能慢一些，慢些走到最终的凋零。人一出生，即在等待死亡，和生命告别，他是这么告诉我的。

我在小学时认识了他，他是位保安。我总喜欢爬到篮球架上，也总得听他说教，但他从没叫我下来，只是问我外面的树上是否有小鸟筑巢，或者校外的云是否看起来更远些。问完问题后便自顾地讲起了自己的故事。他时常眯着眼，把胸挺得直直的，手背在后头，实在看不出他的年纪。他也常常抬头看着天空，或低头看看花草，一看就是十几分钟，看完了，便又挺起胸，心满意足地离去。那天，他告诉我，他听见花开的声音，很简单却温暖的“噗”的一声，不到一秒就结束了，他细细的眼看着我说：“世界也就是如此哦！”说完，又哼着离去，那时我以为他是位魔法师，能听见天地的声音，后来才得知，在他听见声音的那天，他的妻子离世了。我想那声音应该不是花开而发出的声响，而是他将妻子从心头放下的声音。

在毕业之后，我开始聆听花的声音，但却毫无收获。想起以前，我曾握着一朵枯萎的小白花，希望他能够救活它，他捧着白花对我说：“它已经死掉了。”我吓得说不出话来，心里满是抱歉，差点没哭出来，但他却说：“不要紧，它在花开的那一刻便决定了枯萎的时节，这只是比它预估的早些而已。”人生不就是如此吗？樱花在盛放的时刻决定落下，人们也是，在一出生的时候便走向死亡。既然如此，何必害怕呢？死亡，只是一种永恒的缄默，人们却用“窒息”两字形容，似乎呼吸是永恒的；而在某种外力介入下，一个生命停止呼吸，反抗着死亡。但其实从生命诞生的那一刻起，每一次呼吸都是拥有与抛弃，直到有一天呼出最后一口气，一朵花绽放的声音响起，生命就此结束。

当我回到小学校园时，那位保安已经辞职了，说是到很远很远的地方。我不知道是真有其地，还是他又与妻子团聚。我心中淡然，如同那天他妻子离开一般。我们每个人都在等待，等待路途终点的来临，但终点何时会出现呢？没有人晓得。那时草丛里的一朵白花“唰”的一声盛放，我也听见了花开的声音。

评语　年轻时，对生或死的了悟，其实是迷惑与遥远的。不过，作者却因为一段与校园保安的奇遇，从而开启了自己对于生死问题的追问及哲学思辨。花落不该仅是生命凋零而已，它是另一段开始，是化作春泥更护花的力量。